D1726164

LANDSHUTER HOCHZEIT 1475

LANDSHUTER HOCHZEIT 1475

Ein völkerverbindendes Fest
aus dem „Herbst des Mittelalters"

In Szene gesetzt vom
Verein „Die Förderer" e.V. Landshut

Beschrieben von
ERICH STAHLEDER

Landshut 1993

Herausgeber und Verlag: Landshuter Hochzeit Verwaltungsgesellschaft mbH, 84028 Landshut, Spiegelgasse 208

Gesamtherstellung: Isar-Post Druck- und Verlagsgesellschaft mbH, 84051 Altheim b. Landshut, Siemensstraße 13

Lithos: Repro Griesbeck GmbH, Landshut

ISBN 3-927612-07-3. Alle Rechte vorbehalten

So bitten Wir Euer Lieb freundlich,
sofern Euch das fügsam sein mag,
Ihr wollet auf solcher Hochzeit
in eigener Person erscheinen, damit Wir
Uns mit Euch und anderen Geladenen
freundlich und fröhlich ergötzen.

ZUM GELEIT

Ein herzliches „Himmel Landshut, tausend Landshut" Ihnen zum Gruß, verehrte Leser und Freunde der „Landshuter Hochzeit"!

Die Hochzeit des Jahres 1475, zu der Herzog Ludwig der Reiche mit obigen Zeilen einlud, war eines der großartigsten Feste des Mittelalters. Durch das Brautpaar, die polnische Königstochter Hedwig und Herzog Georg von Bayern-Landshut, verband sich ein Großteil Osteuropas mit einem Herzstück des Heiligen römischen Reiches, dem Herzogtum Bayern. Die Hochzeit war auch ein Politikum hohen Ranges; Kaiser Friedrich III. und der Markgraf von Brandenburg bezeugen es.

Seit sich im Sommer 1903 zum erstenmal ein Festzug durch die Stadt Landshut bewegte, um den Einzug der polnischen Braut sinnfällig zum Leben zu erwecken, ist die „Landshuter Hochzeit" im In- und Ausland zum Qualitätsbegriff geworden. Mit jeder Aufführung erneut wissen Mitwirkende und Gäste dieses Spiel zu schätzen, das der Verein „Die Förderer" e.V. auf die Beine stellt, aber die ganze Bürgerschaft mitträgt. Landshut empfängt seine Gäste auch heute noch in altehrwürdigen, und doch von moderner Betriebsamkeit durchpulsten Mauern, und die „Hochzeiter" setzen ihre Ehre daran, dem Spiel den Charakter eines fröhlichen Hochzeitsfestes und den Rang eines historischen Dokumentarspiels zu verleihen.

Damals „hohe Zeit" abendländischer Kultur, ist das Fest heute ein Bekenntnis zu unserer Vergangenheit, die wir nicht in die Vergessenheit entlassen wollen. Damals wie heute beschwört es Gemeinschaftsgeist und europäischen Horizont.

Landshut, im Sommer 1993

Rudolf Wohlgemuth
1. Vorsitzender
des Vereins „Die Förderer"

DAS FESTSPIEL ALS OUVERTÜRE

Brautwerbung in Krakau . . .

Im März des Jahres 1474 schickte Herzog Ludwig eine Delegation nach Krakau, die um die Hand der Königstochter Hedwig anhalten sollte. Die Gesandtschaft leitete der Propst des berühmten bayerischen Stifts und Wallfahrtsortes Altötting, Dr. Friedrich Mauerkircher.

Dies ist der Augenblick, mit dem das Festspiel einsetzt, das im Jahr 1981 der Fernsehautor Leopold Ahlsen schuf und der Regisseur Peter Grassinger zum erstenmal auf die Bühne des Rathaus-Prunksaales von Landshut brachte. Eine Truppe von Komödianten ist in die Stadt eingefallen, die bereits an allen Ecken und Enden dem bevorstehenden Hochzeitsfest entgegenfiebert. Bürger der Stadt, die Herren von der Burg und sogar der vorzeitig eingetroffene Kaiser wohnen dem Spiel bei. Es führt sie zuerst nach Krakau, wo die Prinzessin mit einem großen Gefolge von den Eltern Abschied nimmt, um sich – im Herbst des Jahres 1475 – auf eine zweimonatige strapazenreiche Reise nach Landshut zu begeben.

Die Hochzeit war nach langen Verhandlungen einer zweiten Delegation unter dem Propst Mauerkircher und dem Bischof von Regensburg im Herbst 1474 „beschlossen" und am 31. Dezember in Radom besiegelt worden. Die beiden Parteien hatten allen Grund zur Zurückhaltung; denn König Kasimir IV. sollte noch ausreichend Schwierigkeiten von seinen Großen bei der Eintreibung der Heiratssteuer bekommen. Nach dem Geschichtsschreiber Jan Dlugosch gingen sie ihm auch später noch aus dem Weg, um die verhaßte Steuer nicht zahlen zu müssen. Und die bayerischen Gesandten konnten sich mit den Vorstellungen des Königs nicht anfreunden, warteten Vollmachten ab und

Die Komödianten eröffnen das Spiel

Comedians announce the play's beginning

Les comédiens ouvrent le spectacle

I commedianti iniziano la rappresentazione

gaben sich schließlich mit Zusicherungen der Königin Elisabeth zufrieden, die eine Tochter Herzog Albrechts von Österreich, des späteren Königs, war und die Verbindung zu Bayern wohl auch aus verwandtschaftlicher Zuneigung förderte.

Das Heiratsgut von 32 000 ungarischen Goldgulden sollte in fünf Jahresraten beim Rat der Stadt Leipzig hinterlegt und von dort ausbezahlt werden. Der Bräutigam sagte eine gleiche Summe als übliche Gegengabe zu, die auf verschiedenen Schlössern und Ein-künften in Niederbayern verschrieben wurde, so daß der künftigen Herzogin ein fürst-licher Lebensunterhalt und Hofstaat gesichert war. Aber die Verzögerungen dauerten an. Nach dem Vertrag sollte die Braut dem Bayernherzog bereits am 29. September 1475 übergeben werden; später wurde daraus der 15. Oktober und schließlich der 23. Oktober, weil der Herzog nicht, wie vom König gewünscht, die Braut persönlich in Wittenberg abholen wollte und die Polen sich bereits auf dem Weg dorthin verspäteten. Der Aufschub brachte den Terminplan nicht nur in Landshut heillos durcheinander; selbst die großen Züge der Hochzeitsgäste aus allen Richtungen des Reiches mußten mit viel Mühe auf ihrem Anmarsch gestoppt werden, um die Hochzeitsstadt nicht in ein Chaos zu stürzen.

Wenn in der Komödie der „falsche" Polenkönig gravitätisch reimt „so schließ' ich denn gern meine Truhen auf, worin liegt die goldene Mitgift zuhauf", dann kommentiert der „richtige" Dr. Mauerkircher als kritischer Zuschauer kopfschüttelnd: „Ach du heilige Einfalt; so simpel wenn es hätt' abgehen mögen!" Und er weiß, wovon er spricht.

. . . und Turbulenzen in Landshut

Das „Spiel im Spiel" ist Einführung in die Hochzeitshintergründe und -vorbereitungen, sozusagen die Ouvertüre der heute aus mehreren Teilen bestehenden Aufführung der „Landshuter Hochzeit 1475". Während die Honoratioren von damals dem Spiel der

8

Komödianten lauschen, erfahren die Zuschauer, „was Sache war", und was noch ihrer harrt. Vordergründig begleitet das Spiel den Brautzug über Posen, Berlin und Wittenberg, schließlich Ölsnitz und – da die Polen den kürzeren Weg über Eger und Regensburg wegen der dort herrschenden Pest ablehnten –, über Nürnberg, Ingolstadt und Moosburg, bis man am 14. November morgens in Landshut einzog.

Die wichtigste Station war Wittenberg; denn hier, am Hof der Kurfürstin-Witwe von Sachsen, die als Habsburgerin der polnischen Braut ebenso wie dem bayerischen Bräutigam verwandt war, wurde die Braut vom polnischen Geleitzug den Bayern übergeben. Diesen Zug befehligte der Pfalzgraf und Herzog Otto von Neumarkt, der allein hundert Pferde aufgeboten hatte und zahlreiche bayerische Edelleute mit Anhang zu seinem Gefolge zählte. Als Hofmeister diente von Wittenberg an der „Königin", wie Hedwig vom Chronisten stets genannt wird, Herr Johann von Fraunberg.

Was man schon im älteren Festspiel von 1905 durch mancherlei Überarbeitungen, zum Beispiel durch die Einführung eines Herolds, anstrebte, nämlich mehr historische Information und Zeitkolorit zu vermitteln, das erscheint jetzt verwirklicht. Durch das Spiel hindurch leuchtet eine farbige und zugleich spannungsreiche Zeit, die man treffend den „Herbst des Mittelalters" genannt hat. Damals trieb die Kunst der Gotik ihre letzten Blüten in Gestalt himmelragender Kirchtürme; es zerbröckelte aber auch der sichere Schutzwall mittelalterlich-christlicher Ordnung, es verbreitete sich Weltuntergangsstimmung und in ihrem Gefolge zugleich Maßlosigkeit und Zukunftsangst. Von Seuchen, Naturkatastrophen und düsteren Ahnungen wurden die Menschen getrieben.

Verwoben in das Geschehen des Festspiels sind zwei Episoden der Geschichte: der „vergebliche Pumpversuch" des Kaisers und der Bürgeraufstand unter dem sagenhaften Aufrührer Röckl. Tatsächlich hat der stets unter Geldnot leidende Kaiser den als „reichen Herzog" bekannten und um seinen Schatz im Turm von Burghausen beneideten

12

Die Trauung ist auch Versöhnung

The noble couple's marriage ceremony – apt to appease many a hotspur's temper

La cérémonie du mariage: également symbole de réconciliation

Lo sposalizio significa anche riconciliazione

Landshuter Herzog um ein Darlehen angegangen, nachdem ihn der Polenkönig an eine erhebliche Schuld erinnern hatte lassen. Aber der Herzog winkte ab, mit Rücksicht auf die Hochzeit, die er ein Jahr zuvor seiner Tochter Margarete in Amberg hatte ausrichten müssen. Und so zog der Kaiser wohl enttäuscht von dannen; denn der Böhmenkönig Ladislaus, der Bruder der Braut, war auch nicht gekommen, um hier – gegen entsprechendes Entgelt – die Insignien seiner Würde aus der Hand des Kaisers zu empfangen.

Die Röckl-Affäre, das heißt der Aufstand von Landshuter Bürgern in den Jahren 1408 und 1410, den Heinrich der Reiche damals blutig niederschlug, spielte bereits in dem ältesten Festspiel eine zentrale Rolle. Daß er bei den Hochzeitsvorbereitungen von 1475 nochmals eine späte Auseinandersetzung zwischen Bürgern und Herzog hervorgerufen habe, ist nicht verbürgt. Aber die Szenerie gibt doch Gelegenheit, ein anhaltendes Spannungsverhältnis zwischen der Bürgerschaft und ihrem Stadtherrn auf der Burg zu beschwören und zu dem versöhnlichen Höhepunkt überzuleiten. Diesen bildet eine Szene, die, obwohl bei einer Hochzeit unvermeidlich, nirgends sonst einen Platz finden könnte, nämlich die Trauung des Brautpaares. Hier auf der Bühne können sich die Komödianten um den „Erzbischof von Salzburg" zur heiligen Handlung scharen und kann die „Braut" ihren Tränen freien Lauf lassen, wie einst vor dem Hochaltar in St. Martin. Das anschließende „Beilager" freilich, von dem sich in der rauhen Wirklichkeit die hohen Gäste durch persönliche Anwesenheit überzeugten, entzieht ein Vorhang den neugierigen Blicken. Denn „der Plebs hat vor gar nichts einen heiligen Schauer".

Vereint ziehen Komödianten und ihre Zuschauer in die geschmückte, von Musik widerhallende Altstadt hinaus, vielleicht heute wie damals zu einer Maß Wein und einem Hoflaibl Brot. „Tandaradei – so ist die Welt; allemal gierig auf Speck und Geld!"

14

TREFFPUNKT ALTSTADT

Ob der Besucher mit seinem Auto aus Richtung München kommt oder zu Fuß aus dem Rathaus-Prunksaal, wo er sich beim Fest- und Tanzspiel in die Vergangenheit zurückversetzen ließ, immer wird ihm die Landshuter „Altstadt" wie ein alter Bekannter erscheinen, und er wird sich darin zuhause fühlen. Die elegante Biegung dieser ältesten Straße der Stadt, zwischen Burgberg und Fluß mehr von der Natur erzwungen als vom Städteplaner erdacht, ihre großzügige Weite, die Parade schmucker Fassaden und Giebel hat diesem Straßenzug den Ruf der Seltenheit, ja Einmaligkeit verliehen. Vom Berg grüßt die Burg herunter, „eines Königssitzes würdig", wie der Abt Angelus Rumpler sie rühmt, und aus dem Tal wächst die St. Martinskirche empor und wetteifert in ihrer Höhe mit der Burg. Der über 130 Meter hohe Turm gilt wohl zurecht als der höchste Ziegelstein-Turm der Welt. Ein Landesherr aus dem Haus Wittelsbach war es, der die Stadt aus dem Nichts geschaffen hat und ihr ihre politische Aufgabe mit auf den Weg gab.

Die Stadt mit fürstlichem Gepräge

Mit historischen Reminiszenzen ist wohl die Erscheinung dieser Stadt, kaum aber ihre fesselnde Attraktivität zu erklären. Diese Stadt war nach ihrer Gründung im Jahr 1204 das neue Zentrum des wittelsbachischen Staates, bis nach der Landesteilung von 1255 auch München zu einem Herrschaftszentrum aufstieg. In diesem halben Jahrhundert erlebte die Burg „Landeshut" staufische Kultur in Baukunst und Minnesang und schufen sich die Wittelsbacher ihre Grablege im nahen Kloster Seligenthal. Vor allem aber wurde sie Zentrum einer zukunftweisenden, dauerhaften Staatsorganisation.

Ihr Maßstab ist der Martinsturm

St. Martin's spire – their measuring stick

Leur point de repère est le clocher de Saint-Martin

Piramide di saltimbanchi commisurata al campanile di S. Martino.

Um 1400, an der Schwelle zu einem ungeahnten Aufschwung in Politik, Wirtschaft und Kultur, wurde die Stadt Landshut sichtbar zu einem Schmuckstück und Aushängeschild des Herrscherhauses ausgestaltet. Erst die großen Fürstenhochzeiten (drei von europäischer Dimension waren es im 15. Jahrhundert) sowie die Tauf- und Begräbnisfeierlichkeiten der Fürstenfamilie, die in der neuen, noch nicht vollendeten Pfarrkirche St. Martin zelebriert wurden, erklären nachträglich die Ausmaße und die architektonische Kühnheit dieses Gotteshauses. Das bayerische Rautenwappen an der Stirnseite des Chorgewölbes ist nicht nur Zierat; es berichtet auch vom Repräsentationswillen und Mäzenatentum des Burgherrn, und es schmälert nicht die Verdienste und den berechtigten Stolz der Bürgerschaft.

Seit dem tragischen Untergang des Herrscherhauses im Erbfolgekrieg von 1504 ist der alte Stadtkern in seinen Grundfesten und seinem architektonischen Gepräge nicht einschneidend verändert worden. Er hat sein gotisches Gesicht bewahren können, aber doch da und dort Zeichen neueren Zeitgeschmacks und pulsierenden Lebens akzeptieren müssen. So wirkt die Altstadt von Landshut ehrwürdig alt und dennoch überraschend jung, beschaulich und zielstrebig zugleich.

Prächtige Umzüge hat die Landshuter Altstadt seit den Fürstenhochzeiten des Mittelalters viele gesehen, auch in den Jahrhunderten, in denen ihr Verkehrsfluß durch Tore unterbrochen war und Alt- und Neustadt den Eindruck großangelegter Plätze vermittelten. Sie hat den Einzug herzoglicher Bräute aus Ungarn, Italien, Österreich, Sachsen und Polen, von Fürsten, Feldherren und Künstlern erlebt und die Stadt mit den Wirtschaftszentren Europas verbunden. Sie hat lange Zeit eine barocke, mit viel irdischem Beiwerk garnierte Fronleichnamsprozession umrahmt, die von „eisernen Rittern" begleitet wurde. Und die hochragenden Häuser und Giebel fungierten als Spalier.

Die Altstadt als Festkulisse und Treffpunkt

Diese „Altstadt" bietet nicht nur die unerläßliche Kulisse für das historische Fest; sie ist auch sein Rahmen und seine Grenze. Die „Landshuter Hochzeit" hatte von Anfang an einen unbändigen Drang zum „Echten" und Unvergleichlichen. Das war eine Frage der Qualität, erwachsen aus einer speziellen Landshuter Geschichtsbetrachtung (hier muß man Geschichte reich und überwältigend finden). Aber das Fest soll auch hautnah und überschaubar bleiben. Unsere Gäste sollen sich als Gast bei einer Hochzeit fühlen, nicht nur beim „größten historischen Fest Europas". Besonders beim „Altstadtleben" finden sie persönlichen Kontakt mit kleinen Theatergruppen, Spielleuten und Reisigen oder einfach dem und jenem aus der Schar der „Kostümierten". Man sitzt plaudernd auf den Tribünen der Altstadt oder mischt sich selbst in das Kommen und Gehen des Volkes.

Die Reisigen durchziehen in diesen Tagen die Stadt, mit markigen Gesängen auf den Lippen: „Wir zogen in das Feld, da hetten wir weder Säckel noch Geld . . ." Das Lied verstummt, und auf das Kommando des Hetmanns, „Himmel Landshut", ertönt ein donnerndes „tausend Landshut"! „Was ist nun das wieder?" fragt ein Fremder. Aber selbst ein alter Eingeborener ist überfragt. Das kann man nicht erklären; man muß es fühlen! Was Himmel ist, weiß jeder, und was tausend ist, auch. Beides zusammen ergibt Landshut in diesen Tagen: den Inbegriff von Stolz und Freude. „Und ist das auch historisch?" Es ist wirklich historisch. So treffend und poetisch hätte unsere Zeit keine Huldigung auf Landshut erfinden können.

Die Gaukler, vom Stamme der Tänzer, Turner, Akrobaten und Bärentreiber, bedanken sich für herzlichen Beifall mit einer Pyramide, die an der Höhe des Martinsturms Maß nimmt. Eine Tanzgruppe schlendert vorüber und wird zu einem Tänzchen animiert. Schon mischen sich ein paar Zuschauer darunter, haken sich ein und versuchen, die Schritte nach der Melodie einer Flöte zu imitieren. Das Näseln eines Dudelsackes wird

Trommler und Pfeifer sind immer von Gästen umringt

Trumpeters and drummers – always surrounded by lookers-on

Les tambours et les fifres sont toujours beaucoup entourés de spectateurs

Suonatori di tamburi e pfifferi sono sempre circondati da spettatori

19

◁

Gaukler durchstreifen die Stadt

Jugglers and comedians roam the streets

Des jongleurs parcourent la ville en tous sens

Saltimbanchi vagano per la città

Aus dem Repertoire der Komödianten:
heute „König Salomo" . . .
morgen „Bayrisch Bier"

From the comedians' repertory:
Today it's "King Solomon" . . .
tomorrow it's "Bavaria's beer" . . .

Au répertoire des comédiens:
tantôt «le roi Salomon» . . .
tantôt «la bière bavaroise»

Dal repertorio dei commedianti:
oggi «re Salomone» . . .
domani «birra bavarese»

verschluckt von einem ausgelassenen „Hallo". Ein paar Gruppen begrüßen einander lautstark, und man hat Zeit, die heißesten Neuigkeiten des Hochzeits-Alltags auszutauschen. Wann trifft man sich wohl wieder so gemütlich in Landshuts Prachtstraße?

Vor der Martinskirche hört man ein paar Leute keifen und bleibt stehen. Auf einer kleinen Bretterbühne ist ein Ehestreit in vollem Gange. Hier geht es toll und deftig zu. Eine unsichtbare, kaum merkliche Regie hat ein paar Akteure auf die Bretter gestellt, und was sie treiben, kommt aus voller Brust. Die alten Dichter hätten ihre Freude daran. Als der Schwank vorbei ist, wirft sich der Zauberer in Positur und läßt die Menge staunen.

„Altstadtleben" kann man nicht befehlen. Es zieht auf, rollt ab, vertrollt sich durch die Seitengassen, einem neuen Schauplatz zu. Ganz ohne Hochzeit ist die Altstadt nie, nicht einmal um drei Uhr morgens, wenn ein wirklich langmütiger Altstadt-Bewohner dem letzten Fanfarenbläser (oder ist es schon wieder der erste?) sanft das Instrument aus den Händen nimmt und im Nachthemd wieder in der Haustüre verschwindet. Die „Landshuter Hochzeit" erleben die einen als Leistungstest, die anderen als Epidemie. „Eine Stadt spielt Mittelalter" ist eben nicht nur ein Buchtitel.

Es meint das Zusammenspiel der ganzen Stadt, einen Verein, der sich „Die Förderer" nennt und das Fest sogar über Weltkriege und politische Wirren getragen hat, eine Stadtregierung und Verwaltung, die mit Taten Beistand leistet, einen Stamm von Idealisten, die über Jahre hin den Fundus von Tausenden von Einzelstücken in Schuß halten, und die Bevölkerung, die in das Fest hineinwächst und mit ihm lebt und feiert. Es sind ja schon Generationen, die ihm „die Stange halten". Zur Hochzeit 1985 entstand aus gemeinsamer Anstrengung am Turnierplatz ein Zeughaus, das dem Fest Mittelpunkt ist und neue Kräfte mobilisiert.

SAMSTAGS IM „NÄCHTLICHEN LAGER"

Bei alten Hochzeitsbesuchern sind die „festlichen Spiele im nächtlichen Lager" sozusagen ein Geheimtip. Es ist der Vorabend des Einzuges der Braut. Das bunte Volk, das sich auf dem Zehr- und Lagerplatz in Zelten, Schänken und Troßwägen, oder um das Lagerfeuer hockend die Zeit vertreibt, formiert sich im Schein von Holzfeuern zu farbenprächtigen Spielen. Gaukler und Feuerschlucker zeigen ihre Künste, Reisige und Reiter führen Kampfszenen vor, Ringelstecher reiten um den Sieg in einem rasanten Reiterspiel, so verkündet das Programm. Mit Spiel und Spaß vertreiben sich die Hochzeitsgäste die Abende nach ihrer langen Reise. Sie feierten und zechten „die liebe lange Nacht", wie sie selber singen.

Der Platz zwischen den alten Bäumen, hinter denen die Isar im Lichterschein glänzt, die Aufbauten, Zelte und Fahnen, hundertfältige Klänge und Farben erleichtern uns das Eintauchen in die Vergangenheit. Gleich werden Fanfaren die Ankunft der Fürsten ankündigen, die dem Spiel als Zaungäste beiwohnen. Die Herzogliche Hofmusik im Musikpavillon setzt ein, und die Fürsten ziehen auf den Platz, der bereits von fröhlichem Volk wimmelt. Polnische Edelleute schließen sich an, Braut und Bräutigam erregen Aufsehen. Der Kaiser und sein Sohn werden von einem türkischen Edelmann begleitet, der sein Leben am Kaiserhof verbringt. Den Zuschauertribünen gegenüber nehmen die Fürsten an einer erhöhten Tafel Platz. Über die Freitreppe hinauf bilden Pagen mit Stablichtern ein Spalier.

Zwischendurch schaut das Volk auf dem Rasen ein paar Fahnenschwingern zu, singt, tanzt und lacht, versammelt sich um den fremdartigen Feuerschlucker, der von Zeit zu Zeit Flammenwogen in den Abendhimmel spuckt und ein feuriges Rad mit dem Mund entzündet. Auch die Gaukler sind in ihrem Element mit wirbelnden Kunststücken. Ganz

Holzfeuer locken zu farbenprächtigen Spielen am Vorabend des Festes

Wood-fire stakes show the way to the games on the feast's eve

A la veille de la fête, des feux de bois annoncent les jeux hauts en couleurs

Alla vigilia della festa i falò di legna attirano la gente con i loro effetti sfavillanti

Ein Feuerschlucker sorgt für Kurzweil

A fire-eater entertains the guests

Un cracheur de feu assure un moment de divertissement

Mangiafuoco offre svago

nebenbei trennen Stadtknechte ein paar rauflustige Gesellen und zerren Mägde einen Ziegenbock nach Hause.

Die Hofmusik spielt wieder, und würdevoll schreiten die Zunftherren zum Fürstenzelt, um der Braut eine Huldigung darzubringen. Sie winken die Trommler und Pfeifer heran; denn sie haben ein Loblied auf Herzog Ludwig vorbereitet, das der Nürnberger Meister Hans Rosenblüt aufgeschrieben hat. Es rühmt die Freigebigkeit und die Tugend des Herzogs und vergleicht ihn sogar mit Hektor von Troja. (Da wäre dem Landshuter Herzog leicht auch ein antiker Heldenname verblieben, wie dem fränkischen Nachbarn und Widersacher Albrecht „Achilles", wenn er nicht schon „der reiche" gewesen wäre!) Sein Schild empfing nie einen Makel noch Schaden; allen Ständen ist er ein gerechter Herr, und wem er sein Wort gibt, dem hält er es auch. Ein Stück Meistersinger-Poesie:

> Ich sprach: „Frau, aller Ehren Blum,
> es ist des höchsten Fürstentum
> von Bayern ein Herzog hochgeborn
> und drischt wohl aus der Ähren Korn.
> Herzog Ludwig heißt sein Nam . . .
> Sein Schild empfing nie Makel noch Meil;
> der steht gehalbiert in zwei Teil:
> halb weiß, halb blau, schön gerautiert
> und in einundzwanzig Teil dividiert . . .
> Den führt der edle Fürst so hehr
> mit rechter adeliger Ehr
> sogar mit hoher Ehren Ruhm
> im Bayernland, dem Herzogtum . . ."

Als das Lied verklungen ist, überreichen die Zunftvertreter der Braut ein Schmuckkästlein in Erinnerung an die Schenkung nach der Brautnacht.

26

Würdige Herren formieren sich zum Zunftreigen

Dignified masters form the guilds' round dance

Des hommes respectacles s'apprêtent à effectuer la ronde de leur guilde

Artigiani dignitosi prendono parte alla ridda della loro corporazione

Gaukler wetteifern mit ihrer Kunst

Jugglers compete in showing their tricks

Des jongleurs rivalisent d'adresse entre eux

Saltimbanchi fanno a gara con la loro arditezza

Ein „Igel" wehrt einen Reiterangriff ab

The mercenaries' "Igel" counters the mounted knights' fierce attack

Un «hérisson» repousse l'assaut d'un cavalier

L'istrice, una formazione di guerra, respinge un attacco di cavalleria

Nun stürmen die Fahnenschwinger auf den Platz, zuerst mit großen Schwingfahnen, die die Farben und Embleme der Fürsten und Edlen zeigen, Österreicher, Polen und Sachsen, Brandenburger und Württemberger. Zum Rhythmus der Hofmusik zeigen sie eine prächtige Schau in Farben und Bewegung. Nach ihnen wird die Gruppe mit den leichten Wurffahnen von Trommlern und Pfeifern zu wahren Kunststücken angefeuert.

Im Dunkel der Bäume reiten bereits die Ringelstecher ihren Zirkel und warten auf ihren großen Auftritt. Aber sie werden noch von den Reisigen verdrängt, die aus allen Richtungen zusammenströmen. Sie rennen mit Sturmleitern um die Wette und zeigen sich in massenhaftem Zusammenprall als die überlegenen Kämpfer der Kriegsschauplätze. Schon wird ihr „Igel" von Reitern attackiert, die beschämt abziehen müssen. Emsige Helfer stecken inzwischen Strohballen auf Pfähle zum „Feuerkopf-Rennen". Wie ein Wirbelwind preschen die Reiter auf die brennenden Bälle zu und stechen sie mit ihren Lanzen herab. Da bestehen auch die Pferde ihre Mutproben.

Jetzt lassen sich die Ringelstecher nicht mehr zurückhalten; das Stampfen der Hufe kündigt sie an. Da taucht der erste aus der Dunkelheit auf, galoppiert auf den „Galgen" zu, an dem ein Ring hängt. Schon jagt der nächste Reiter heran; er trifft in die Mitte oder fehlt und verschwindet unter Beifall oder enttäuschtem Raunen im Dunkeln. Zwei rasen gleichzeitig auf den Ring zu und stechen ihn vom Balken. – Die Abendstunden vergehen im Flug.

Drüben auf der Fürstentribüne hebt der Kaiser die Hand zum Aufbruch. Böllerschüsse von der Burg herab kündigen das Ende dieses nächtlichen Spuks an. Die Musik schwelgt nochmals in grellen Tönen und begleitet uns in die Wirklichkeit zurück. Von der Isar herauf weht es kühler. Da und dort erheben sich die Müden von ihren harten Bänken und streben nach Hause. Nur ein paar erschöpfte Funktionäre, die bis in den Abend hinein im Gästebüro Fragen beantwortet und auf den diversen Schauplätzen die Fäden gezogen haben, sitzen noch beisammen und lassen den Schwarm vorüberziehen.

FESTLICHER EINZUG DER BRAUT

Der Sonntagnachmittag ist endlich angebrochen. Böllerkrachen zerreißt die Luft, und vom Martinsturm beginnen die Glocken zu läuten. Zehntausende säumen die weiträumigen Straßen von Alt- und Neustadt, durch die sich der festliche Zug bewegen wird. Menschen winken aus den Fenstern, rufen sich Grüße zu. Gastgeber, Gäste und Mitwirkende sind längst eine einzige, fröhliche Familie geworden. Als sich beim ehemaligen Münchner Tor der Zug in Bewegung setzt, Musik von den Giebeln widerhallt und sich die Spannung in Begeisterungsstürme verwandelt, wird bewußt, was den Gründern dieses Festes vorschwebte, und was wir ihnen verdanken. Gäbe es dieses Fest noch nicht, man müßte es erfinden.

Doch die vielen Landshuter, die heute in das Gewand des Mittelalters geschlüpft sind — es sind über zweitausend — sie bewegt jetzt anderes: Wie werden sie von den Besuchern aus aller Herren Länder aufgenommen, von den Fernseh- und Rundfunkkommentatoren auf ihren Übertragungskanzeln empfangen und weitervermittelt werden? Es gilt: jeder Zoll ein Page sein, ein Fürst, ein Narr, herausragen und doch aufgehen im Ganzen. Seht, wir könnten die Akteure von 1475 sein, wir sind es wahrhaftig, die Braut, der Bräutigam, der Kaiser!

Fröhlicher Auftakt

Gemessenen Schrittes eröffnen die Stadtknechte den Zug. Das Dreihelmen-Wappen schmückt ihr Wams; unter den „Eisenhüten" triefen die Gesichter von Schweiß. Ein Krug geht von Hand zu Hand, und erste Hallo-Rufe fliegen hin und her. Hinter den Stadtknechten braust das Hallo der Kinder auf, der Bann ist gebrochen. Mit stürmi-

Stadtknechte bahnen der Braut den Weg

Armed footmen of the City Guard clear the way for the bride

Des valets de la ville fraient un chemin à la fiancée

Valletti cittadini fanno strada alla sposa

Das „Hallo" der Kinder schlägt Brücken zwischen einst und jetzt

The children's gay "Hallo"-cheers bridge the gap between present-day enjoyment and the revels of medieval days

Le «Hallo» des enfants relie le passé au présent

«L'Hallo» dei bambini: ponte di collegamento tra il passato e il presente

schem Jubel werden die einzelnen Gruppen empfangen und auf einer Woge der Herzlichkeit und Sympathie durch die Stadt getragen, die sich mit einem Festkleid aus Fahnen und Wimpeln geschmückt hat.

Eine Gruppe des Gesindes hat sich in den Festzug gemischt. Soeben haben die Mägde noch auf der Bühne des Rathaussaales über die Schönheit der Braut getuschelt und die Knechte Streit und Versöhnung zwischen Ratsbürgern und Herzog hinter verschlossenen Türen gelauscht. Jetzt geben sie sich gelöst der Stimmung hin, die die Kinder entzünden. Man bückt sich nach einer Rose, winkt und lacht und stolpert über die kleine Gretel, die im Weiterhasten ein paar Gutseln und Geldstücke von der Straße aufsammelt. Schlicht gekleidete Honoratioren im Zug beobachten mit Stirnrunzeln den Segen, der da aus den Fenstern auf die Kinder niederprasselt: Wenn er nur in die Leinenbeutel wandert, nicht in Plastiktüten!

Es ist ein Stück Verständigung zwischen denen am Straßenrand und in den Fensternischen und denen, die hier längst in die Geschichte eingetaucht sind; es ist ein Band zwischen heute und gestern, so wie das sicherlich unhistorische „Hallo", das gleichwohl die Landshuter Hochzeit zum Freundschaftsfest macht: Beim Auftritt in den Straßen der Stadt rücken die Jahrhunderte und die Menschen zusammen.

Das Jubiläumsfest des Jahres 1975 hat – nach katastrophalen Rückschlägen durch Brand- und Wasserunglück – neue Maßstäbe gesetzt, es hat neue Ziele markiert für die historische Treue von Darstellungen, von Requisiten und Gewändern, von Texten und Musik, nicht zuletzt ein neues Selbstverständnis erzeugt. Aus einem spätromantischen Kostümfest ist durch die Zusammenarbeit von Historikern und Künstlern, Kostüm- und Waffenkennern, Laien und Liebhabern in Jahrzehnten ein historisches Dokumentarspiel geworden. Die Landshuter Hochzeit will nicht irgendeine „vergangene Zeit" zum Leben erwecken, sondern das Jahr 1475, die Blütezeit und das Verwelken der Gotik – ihr

Der eherne Klang der Businen hallt von den Giebeln wider

The stately houses' gables reverberate the brazan sound of medieval busines

Les vibrations d'airain des buisines retentissent sur les façades des maisons

Le vibrazioni ferree delle bucine riecheggiano dai frontespizi

Schwelgen in Gebärden, Farben und Tönen, die Hierarchie der Stände vom Bettler bis zum Erzbischof und Kaiser, die feine Kunst, Alltagsleben und höfische Etikette. Die Landshuter Hochzeit strotzt vor Leben, auch wenn sie sich in spitze Schnabelschuhe, eine Marotte jener Zeit, in schlanke Harnische und stoffreiche Roben zwängen muß. Sie ist erwachsen aus altbayerischer Spielfreude und Liebe zum Kräftigen und Großen.

Inzwischen erreichen die Stadtknechte die Martinskirche. Da heben die Businenbläser ihre zwei Meter langen Messingrohre an die Lippen, und ein markantes Signal scheint sekundenlang in der Luft zu stehen, während ringsum die Menschen fast schaudernd über den ehernen Klang verstummen. Aber schon werden auch die Bläser weitergedrängt von neuen Eindrücken: Fahrzeugen, Pferden, Kostümen, Waffen.

Hinter der Absperrung, die Soldaten und Polizeibeamte in zusätzlichem Einsatz sicherstellen, stehen die Menschen Kopf an Kopf. Kameras surren und klicken. Hier gibt es keine Pose auf Bestellung, so rasch wechseln die Szenen. Um das „historische" Bild nicht stören zu lassen, hat man die Journalisten und Fotografen in mittelalterliche Kostüme gesteckt und die Brillen – wenn's auch schwer fällt – verbannt. Unverfälschte „mittelalterliche" Bilder will man hier schießen, rein von Reklameschildern und hemdärmeligen Zivilisten, mit Menschen und Szenen, die aus Miniaturenbüchern der Gotik gestiegen scheinen.

Die Sicherheitsvorkehrungen von heute übertreffen diejenigen des Jahres 1475 keineswegs, wie überhaupt die Ausmaße jener Hochzeit nur schwer vorstellbar sind. Damals waren es 500 Bürger aus bayerischen Städten, die zum Wachdienst nach Landshut beordert wurden und als „Wappner" für die Sicherheit der Gäste und für Ruhe und Ordnung zu sorgen hatten. Die Kirche, das Tanzhaus, der Turnierplatz, die zahlreichen Bürgerhäuser, in denen die Hochzeitsgäste einquartiert wurden, verlangten ständige Wachen; obendrein waren Türme und Tore doppelt besetzt. Die Organisation lag in den

Armbrustschützen flankieren den Zug

Cross-bow men escorting the progress

Des arbalétriers encadrent le cortège

Balestrieri fiancheggiano il corteo

Händen des herzoglichen Obristen Seis von Horuskowitz, über den einige Jahre später berichtet wird, daß er bei einem Sturz vom Pferd sein Leben einbüßte.

Hofmusik und Politik

Ein Musik-Ensemble mit Pfeifen und Trommeln kommt ins Bild, die „Pfalzgräflichen Pfeifer"; der Pfalzgraf Philipp hat sie von seiner Residenz Amberg mitgebracht. Im Frühjahr 1474, als die ersten Abgesandten des Landshuter Herzogs nach Krakau aufbrachen, hatte er die Landshuter Herzogstochter Margarete in Amberg geheiratet, die Schwester Herzog Georgs. Und obwohl er hätte verschnupft sein können, weil der vom Zipperlein geplagte Schwiegervater nicht zu seiner Hochzeit erschienen war, trumpfte er nun mächtig auf. Der beiderseitige Hofstaat des Ehepaares zählte über 500 Pferde, allein für „Trummeter und Paugker X, Pfeyffer V". Der Landshuter Chronist Veit Arnpeck urteilt, daß Pfalzgraf Philipp „ein Fürst mit großem Preis" war; „er lebt ehrbarlich und freundlich mit seiner Frau und hett sie in großen Ehren". Er berichtet auch, daß beim „Rennen" während dieser Hochzeit Herr Wolfgang Fraunberger vom Haag von einem Sachsen erstochen wurde, weil der Sachse eine „längere Stangen hatte, als er billich haben sollt". Wenn man annehmen darf, daß die sächsischen Hochzeitsgäste wegen dieses Turnier-Unfalls nicht in geringe Schwierigkeiten gestürzt wurden, könnte dies sogar ein Grund sein, warum die beiden sächsischen Herzöge Ernst und Albrecht nicht nach Landshut kamen. Sie beschränkten sich auf das Protokollarische, indem sie die „Königin" in Leipzig mit ihrem ganzen Troß beherbergten und ihr zum Abschied ein „Kleinod" schenkten, im übrigen aber ihre Mutter schickten, in den Quellen „die alte Frau von Sachsen" genannt.

Als ihr Wagen um die Biegung der Altstadt sichtbar wird, geht ein Raunen durch die Zuschauer. Sie hatte die beschwerliche Reise von Wittenberg auf sich genommen, um

In der „alten Frau von Sachsen" verbinden sich die Zweige der Hochzeitsgesellschaft

The Old Lady of Saxony, ancestress to various different branches of the noble families

La «vieille dame de Saxe» incarne à elle seule toutes les branches de la société du mariage

La vecchia nobildonna sassone è la capostipite di varie generazioni partecipanti a questo corteo

ihre Töchter und Verwandten wieder zu sehen und ihre Enkelin Christine in die große Welt einzuführen. In der Person dieser „alten Frau von Sachsen" verband sich die ganze Hochzeitsgesellschaft: die Österreicher, die Polen, die Bayern, Pfälzer, Sachsen und Brandenburger. Eine rührende Begebenheit berichtet der Chronist von ihr: Am Abend vor ihrer Abreise bat sie ihre beiden Schwiegersöhne Albrecht Achilles und Herzog Ludwig, sie möchten doch ihren Gemahlinnen gestatten, die letzte Nacht mit ihr zu verbringen. Nachdem sie es zunächst abgelehnt hatten, wurde ihr schließlich ihr Wunsch erfüllt, und sie lagen die Nacht beieinander. „Des waren die Frauen sehr erfreut; und die Mutter war in der Mitte gelegen."

Ein Marketenderwagen, umringt von Armbrustschützen, rattert über das Pflaster. Ob sie ihre buntgeschmückten Waffen auch wirklich zu handhaben wissen, ist keine Frage: Sie schießen den „Vogel" ebenso treffsicher ab wie ihre Vorfahren zu Herzog Georgs Zeiten. So wie das „Trausnitzer Fähndlein" der Armbruster, das bereits 1904 mit tatkräftiger Hilfe der „Förderer" ins Leben gerufen wurde, bilden sich auch andere Gruppen aus Freundes- und Vereinskreisen. Sie treffen sich auch außerhalb der „Landshuter Hochzeit", die einen zu Wettkämpfen, die anderen nur, um die Geselligkeit zu pflegen.

Man muß sich schon „riechen" können in einer solchen Gruppe, man braucht gemeinsame Interessen und Erlebnisse, wenn man drei Wochen lang schier Tag und Nacht eine Lebensgemeinschaft unter ungewohnten Bedingungen spielen will, von den oft monatelangen Probenarbeiten ganz zu schweigen. Dabei ist die Landshuter Hochzeit offen für vielerlei Charaktere und Talente. Gerade den größeren Einheiten, wie Kindern, Edelfräulein, Junkern, Fürstlichkeiten, fließt ständig frisches Blut zu, wenn auch in bestimmten Positionen sorgfältig ausgewählt. Die einen müssen tanzen können, andere musizieren, sprechen, reiten, vielleicht auch Bart und Schnauzer opfern. Vor allem müssen Landshuter Hochzeiter Zeit haben, besonders wenn sie auch noch Gruppenführer sein und damit organisatorische Aufgaben erfüllen sollen.

Akrobatisch werden die Fahnen der Gäste präsentiert

Flag-bearers expertly brandish the noble guests' colours

Présentation acrobatique des drapeaux

Le bandiere degli ospiti vengono presentate in maniera acrobatica

41

Der „Vogel", auf den die Armbruster schießen, ist wie in alter Zeit ein hölzerner Adler, der flach auf einer hohen Stange liegt und von den Schützen Stück für Stück heruntergeholt wird (bewertet nach Pfunden!). Doch hier im Festzug sind sie nicht Wettkämpfer und lassen sie nicht spüren, daß ihnen im Jahr 1475 längst eine weltbedrohende Konkurrenz zur Seite ging. Feuerwaffen und Pulverdampf waren im traurigsten Sinn des Wortes „im Vormarsch".

Im Trubel des Hochzeitszuges ist keine Zeit für solche Gedanken. Politische Gespräche der Großen waren am Rande unvermeidlich und die Hochzeit selbst ein Stück Politik, wie jede Dynastenhochzeit – Politik mit friedlichen Mitteln. Wie sagte doch der Kurfürst von Brandenburg, Albrecht Achilles, bei der Begrüßung der Braut vor der Stadt? Daß diese Ehe „ein Nutz sollte sein der Christenheit und dem Reich"! Die Gäste, die hierfür zu Zeugen geladen waren, wußten, worauf er anspielte. Die Türken hatten 1453 Konstantinopel erobert; sie hatten damit einen Eckpfeiler und ein Bollwerk des Christentums überrannt, Europa, das christliche Abendland bis ins Mark erschüttert. Ein Enkel dieser Braut stand ein halbes Jahrhundert später in der Stadt Wien im Abwehrkampf gegen die Türken. Diese Aufgabe sollte das Reich und Polen noch Jahrhunderte beschäftigen und sie zu einer letztlich siegreichen Allianz zusammenführen.

Die aristokratischen Hochzeiter

Die Fahnen, die im Festzug von Hand zu Hand fliegen, zeigen die Farben mancher Gäste. Bereits Monate vor der Hochzeit schwärmten die reitenden Boten in alle Himmelsrichtungen aus, um die entferntesten Verwandten, aber auch Adel, Geistlichkeit und Volk des eigenen Landes zum Fest zu laden. Herzogliche Räte und „Diener" wurden gen Hof zitiert, um hier das „Hofgewand" in Empfang zu nehmen, das man am Landshuter Hof in den Farben Braun, Weiß und Grau trug; denn man zeigte seine Gefolg-

Herzogin Amalie kam aus Burghausen zur Hochzeit ihres Sohnes

Duchess Amaly came from Burghausen for her son's nuptials

La duchesse Amalie, venue de Burghausen pour le mariage de son fils

La duchessa Amalia venne da Burghausen per la sposalizio del figlio

43

schaft gern gleichfarbig, später sagte man dazu „in Uniform". So hat auch der junge Münchner Herzog Albrecht, als sich der bayerisch-polnische Brautzug auf den Höhen über der Stadt Landshut zeigte, ein Spalier gebildet mit über 300 Reitern, die „in eitel Braun" gekleidet waren und in Dreierreihen standen.

Auf der Grieserwiese nahe der Isar wurde die Braut vom Kaiser und den Fürsten erwartet. Der Markgraf ließ einen Ring bilden, und als die Königin auf einen Steinwurf weit herangekommen war, stiegen die Fürsten von den Pferden und gingen der Königin entgegen. Herzog Ludwig wurde von vier Dienern von seinem Wagen gehoben; denn „er konnte nicht stehen oder gehen". Anstelle des Bräutigams, Herzog Jörg, tat der Markgraf als Hofmeister eine „schöne Rede", und „ein alter, ehrbarer polnischer Herr, der da wohl deutsch konnte", der sagte es der Königin.

Der Markgraf, der im Festzug zusammen mit seiner Gattin die Reihe der Fürsten anführt, war eine der glänzendsten Erscheinungen des Festes. Vergessen waren offenbar die alten Feindseligkeiten, ja kriegerischen Auseinandersetzungen zwischen ihm und dem Landshuter Herzog um territorialen Einfluß in Franken. Der Markgraf, zugleich Kurfürst von Brandenburg, brachte mit sich einen ansehnlichen Teil des fränkischen Adels mit Frauen und Kindern, darunter hundert herausgeputzte Edelfräulein, seine Kanzlei, Harnischmeister, Musikanten und Tänzer. Von der Markgräfin wird berichtet, sie habe vierzehn Jungfrauen auf Zeltern hinter sich reiten gehabt und zwei goldene Wägen mit sich geführt, in denen ihre Jungfrauen saßen. Wie hier, so tritt auch noch an manchen Stellen eine überraschende Selbständigkeit und Unabhängigkeit dieser fürstlichen Frauen zutage, die zunächst einmal in einem eigenen Gefolge sichtbar wird, nicht selten aber auch in eigenen Burgen und Schlössern, auf denen sie „Hof hielten".

Daß der Markgraf aus seiner Residenz Ansbach anreiste, wird nicht nur aus dem starken Aufgebot fränkischen Adels deutlich. Der Chronist, der sich in seinem Gefolge

Das Marktgrafenpaar aus Ansbach glänzt mit prächtigem Gefolge

The Markgrave and Markgravine of Ansbach and their retinue reveal great splendour

Le Margrave d'Ansbach et son épouse, accompagnés d'une brillante escorte

La coppia dei margravi di Ansbach fa sfoggio col suo spendido seguito

44

befand und uns die lebhafteste Schilderung der Hochzeit hinterlassen hat, berichtet auch, sein Herr habe am Ende der Hochzeit seine Edelleute, Frauen und Jungfrauen eingeladen, mit ihm gen Ansbach zu ziehen, wo er zwei Jungfrauen verheiraten und ein Gesellenstechen veranstalten wollte. Und auf dem Weg dorthin hat ihm der Bischof von Eichstätt eine Jagd ausgerichtet – der Falkner in seinem Gefolge tat also auch noch seinen Dienst.

Die Fürstengewänder, die von der Fürstengruppe im Gefolge des Markgrafen vorgestellt werden, gehören seit je zum Stolz der „Landshuter Hochzeit" und natürlich ihrer Träger. Sie sind in ihrer heutigen Qualität und Vielfalt das Werk eines Landshuter Kunstmalers, der zum ästhetischen Gewissen dieser Spiele geworden ist, des im Jahre 1979 verstorbenen Franz Högner. Freilich sind historische Vorlagen in allem oberste Richtschnur, aber wieviele aus der Zeit um 1475 gibt es? Was hatte ein Herzog oder Kaiser an, wenn er nicht etwa auf dem Thron saß, sondern tanzte? Beschreibungen der Augenzeugen helfen oftmals weiter: „Die Markgräfin hatte an einen ganz perlenen Rock, gar kostbar, und war auch kostbar geschmückt, und waren auch zwischen den Perlen viele mancher Edelgesteine versetzt; und sie hatte sich das Haar gebunden nach niederländischen Sitten mit hohen Hörnern, und die Hörner waren bedeckt mit einem Schläfentuch, und in den Hörnern hing viel Beschläg und auch Perlen und Edelgestein." „Das Fräulein hatte an einen schwarzen Rock, und das Halbteil ob dem Gürtel war bestickt mit Perlen."

Edeldamen auf allen Wegen! Auch die Braut führte in einem eigenen Wagen ihre Jungfrauen mit sich. Und auch damals schlug ihnen allseits Bewunderung entgegen. Jugendfrische, gepaart mit Eleganz und Charme, zurückhaltende Gestik, ganz Noblesse – sofern man beim einführenden Schreit-Unterricht aufgepaßt hat! Als der Chronist die Damen der Braut aus den Fenstern ihrer Herberge schauen sah, notierte er in Eile: Sie hatten rote, damastene Röcke an und bei dem Goller einen Überschlag, mit Perlen

Schmucke Edeldamen winken mit Buchskränzlein

Lovely ladies-in-waiting brandish their wreaths of boxwood and evergreen

De nobles dames, parées de leurs plus beaux atours, agitent de petites couronnes de buis

Eleganti nobildonne salutano con le corone di bossolo

47

bestickt, „und ihrer waren sechs, und sie waren nicht ungeschaffen". Eigentlich hätte ihm ihr Anblick Lobeshymnen entlocken müssen, aber mit denen hatte er sich bereits verausgabt; denn er hatte die Braut gesehen . . .

Übrigens winken sie mit Buchskränzlein, warum eigentlich? Wir wissen es nicht. Nach der neueren Hochzeits-Legende war es die kleine Lisa Buchberger, die, im Festspiel des Jahres 1906 Röckls Töchterlein spielend, zum erstenmal ein Buchskränzlein trug. Und so abwegig mag die Vermutung nicht sein, daß sich Lisa selbst ein Buchskränzlein flocht, als ihr der Spielleiter einen ungeliebten Reif ins Haar setzen wollte. Immerhin war die Kraft des Buchsbaums als Glücksbringer und Beschützer vor Dämonen weitbekannt, und vielleicht verwendete man ihn mancherorts auch wie die Myrte als Liebessymbol. Der Buchs spielte jedensfalls schon bei einer berühmten alten Hochzeit eine Rolle, und es erscheint nicht ausgeschlossen, daß den Bericht hierüber die Landshuter Hochzeiter von 1903 bereits kannten. Es war bei der Hochzeit des Königs Matthias von Ungarn, dem seine neapolitanische Braut, als sie ihm zum erstenmal gegenübertrat, ein „puchspeimen Kränzl" aufsetzte. Später, als die junge Braut an der Tafel saß, hat sie auf ihrem Haupt einen Perlenkranz getragen und unter dem Kranz „ein kleins puchspameins Kranzlein". Und diese Verwendungsmöglichkeiten des Buchskränzleins sind nicht die einzigen, die der Chronist Hanns Seybolt von der ungarischen Hochzeit 1476 für erwähnenswert hielt. Auf der Tafel war ein Essen aufgebaut aus gebackenen Oblaten, in der Mitte ein „Baum von Buxbaum", vergoldet, und eine Fahne in dem Baum mit des Königs und der Königin Wappen.

Der Pauker der „Kaiserlichen Fanfarenbläser" reißt die Aufmerksamkeit der Zuschauer an sich. Hoch zu Roß erhebt er seine Schlegel, ein Takt markanter Paukenschläge zerreißt die Luft, und die Fanfarenbläser setzen zu einem schmetternden Signal an. Ihre glänzenden Instrumente sind mit dem kaiserlichen Adler geschmückt. Der Kaiser und sein Sohn Maximilian, den man später den „letzten Ritter" nennen wird, biegen auf

Das Heilige Römische Reich persönlich: Kaiser Friedrich III.

The Holy Roman Empire in person: Frederick III

Le Saint Empire romain germanique en personne: l'Empereur Frédéric III

Il sacro romano impero rappresentato personalmente dall'imperatore Federico III

Mönche leisten geistlichen Beistand

Monks, giving spiritual assistance

Des moines apportent leur soutien spirituel

Monaci offrono assistenza spirituale

ihren rassigen Pferden in die Gerade der unteren Altstadt ein. In respektvollem Abstand folgt ihnen ein exotischer Gast, den der Kaiser beherbergte und mit Stolz zur Schau stellte, Otman Kalixt, den unsere Quellen „des türkischen Kaisers Bruder" nennen.

Hinter einer Gruppe von frappierend echt wirkenden Dominikanermönchen und Deutschordens-Komturen tauchen die Bischöfe aus der Menge auf, von Standartenträgern und dem Zeremoniar begleitet. Sieben waren damals in Person gekommen, mit Geleitzügen von fast tausend Pferden, um den Feiernden ihren geistlichen Beistand zu leisten, aber auch um sich als Reichsfürsten ihrem kaiserlichen Herrn in Erinnerung zu bringen. Fast alle beteiligten sich hoch zu Roß an der Begrüßungszeremonie und Einholung der Braut. Der Erzbischof von Salzburg, der Metropolit von Bayern, dessen Vorgänger den Bräutigam auch schon in St. Martin getauft hatte, zelebrierte die Trauung. Hier wird er von den drei Bischöfen von Freising, Eichstätt und Passau (der Regensburger, der die Heirat in Krakau ausgehandelt hatte, befand sich in diesen Tagen auf der Reise nach Rom) in vollem Ornat begleitet. Nur mit den geistlichen Fürsten demonstriert der Festzug die drei Säulen des damaligen Staates und der Hochzeitsgesellschaft: Adel, Geistlichkeit und Bürger.

Im Vergleich zum Kaiser bietet der Gastgeber, Herzog Ludwig, eher ein Bild des Jammers. Er war in einem Grad von der Gicht geplagt, daß er in einer Sänfte getragen werden mußte. Trotzdem hat er sich während des ganzen Festes tapfer gehalten. Er begrüßte die Braut, wenn auch von seinen Dienern unter den Armen gehalten, er wohnte auch der Trauung und dem abendlichen Brauttanz bei. Wie hätte er auch auf diese Tage verzichten sollen, nachdem er so viel dafür geopfert hatte, der „hochgepreiste Fürst in allem Römischen Reich"? Sicher erinnerte er sich, daß er selbst im Jahr 1450 erst mit 33 Jahren zur Regierung gekommen war und das Regiment von einem knausrigen Vater übernommen hatte, der ihm allerdings die Möglichkeit hinterließ, seinen Hofstaat zu mehren, Kunst und Frohsinn um sich zu scharen und in einer

Bischöfe erweisen dem „reichen Herzog" ihre Reverenz

Bishops honour the Rich Duke by their attendance

Des évêques saluent cérémonieusement le «riche duc»

Vescovi rendono omaggio al duca ricco

Der kranke Herzog Ludwig wird in der Sänfte durch die Stadt geschaukelt

Duke Ludwig, sick of palsy, is taken through the town in his sedan chair

Souffrant, le Duc Louis doit se déplacer à travers la ville dans une chaise à porteurs

Il duca Lodovico, sofferente, viene trasportato in portantina attraverso la città

glänzenden Hochzeit die Kurfürstentochter Amalie von Sachsen heimzuführen. Für seinen Sohn nun eine Königstochter, und in ihrem Gefolge die Großen dieser Zeit in seiner Regierungsstadt Landshut! Diese Tage bedeuteten Höhepunkt und Erfüllung, nicht nur für ihn, auch für Landshut und Bayern.

Übrigens wird der Herzog von seinem Kanzler Dr. Martin Mair begleitet, einem juristisch und humanistisch hochgebildeten Mann, der damals die Fäden der niederbayerischen Politik über das Reich zog. Daß seit drei Jahren in Ingolstadt, der ehemaligen Herzogsresidenz, eine Universität wirkte, die erste im damaligen Bayern, war auch sein Verdienst. In seiner lateinischen Eröffnungsrede sagte er damals, die Professoren sollten ihre Schüler in guten Sitten ebenso unterweisen wie in den Wissenschaften, und die Schüler sollten sich vor Augen halten, daß bessere Zeiten nicht ohne Tüchtigkeit und Wissen zu erwarten seien.

Der Kanzler und seine Politik standen auf der Höhe der Zeit: Politik, Wirtschaft und Kultur stimmten zu einem letzten großen Akkord zusammen, ehe das Zeitalter der Gotik, das Landshut bis heute prägt, und der Landshuter Staat in einem elementaren geistigen und politischen Umbruch versanken. Neue Geister erhoben sich – und der Kanzler stand bereits für sie –, die von den antiken Kulturen inspiriert, im Bewußtsein ihrer Fortschrittlichkeit schon bald vom „finsteren Mittelalter" sprachen und seine Lichtseiten bewußt verschütteten. Vielleicht ist es nur ein Anspruch, vielleicht auch ein Verdienst der „Landshuter Hochzeit" von heute, diese Seite des ausgehenden Mittelalters und damit die große Wende von der Gotik zur Renaissance, vom Mittelalter zur Neuzeit um 1500 bewußt zu machen. Keine Gestalt würde sich auch für eine solche Wiedererweckung vorzüglicher eignen als Herzog Ludwig der Reiche, und kein Ereignis einprägsamer wirken als die von christlich-abendländischem Zusammengehörigkeitsgefühl getragene Hochzeit zwischen dem bayerischen und polnischen Herrscherhaus.

54

Zinken und Posaunen waren die ersten historischen Instrumente beim Fest

Cornets and trombones were the first few medieval instruments used in the festival

Les trompes et les trombones ont été les premiers instruments médiévaux à être utilisés lors de la reconstitution historique

Le cornette e i tromboni furono i primi strumenti musicali storici in occasione della festa

Wenn an den jubelnden Festgästen die Falkner vorüberziehen, gefolgt von den Trägern der Turnierwaffen und den „edlen Herren im Harnisch", werden sie auch daran erinnert, daß bei dieser Hochzeit drei berühmte und leidenschaftliche Jäger zusammentrafen, der Bräutigam Herzog Georg, der Markgraf Albrecht Achilles und der spätere König Maximilian. Der König war es auch, der dem Turnierwesen nochmals starke Impulse verlieh und neues Leben einhauchte. Aber gerade durch ihn änderten die höfische Jagd und das ritterliche Turnier auch ihren Sinn: Sie wandelten sich vom Kampf zum Sport. Ein Hauch von Veränderung und Abschied liegt über dieser Epoche, und aus den Berichten der Hochzeit spürt man es auch. Der Mensch tastet sich zu einem neuen Selbstverständnis, sucht seine unverwechselbare Individualität und Persönlichkeit.

Braut und Bräutigam, schön und gebildet

Aber die traditionellen Formen und Zwänge ließen keinen Spielraum dieser Art für die „Polenkönigin". Nach der Begrüßungszeremonie auf der Wiese vor der Stadt, bei der die Braut zum erstenmal ihrem künftigen Eheherrn gegenüberstand und ihm so wie den anderen Fürsten „mit geziemenden Worten die Hand bot", setzte sich der Zug in Richtung Martinskirche in Bewegung. „Item danach ritten der Kaiser, Herzog Jörg und die anderen Fürsten mit ihm vor der Braut in die Stadt Landshut . . . Item die Königin fuhr danach auch auf ihrem goldenen kostbaren Wagen und nach ihr die alte Frau, auch das Jungfräulein von Sachsen in ihrem Wagen und danach noch ein kostbarer goldener Wagen, der auch der Königin war, darin etliche ihrer Frauen und Jungfrauen saßen und anderer Frauen Wagen, die denen von Sachsen zustunden, hinein in die Stadt Landshut. Und gingen neben der Königin Wagen die Herzog Ludwigischen Landgrafen, Grafen, Herren und Ritter an der rechten und etlich polnische Herren an der linken Seite . . . Item es waren etwieviel Trummeter, Pauker und Pfeifer allda, die der Königin vorritten und stetigs bliesen und paukten."

Ritter im Harnisch erwecken den Glanz des
Mittelalters

Knights-in-armour make the splendour of
the Middle Ages come to life

Des chevaliers en armure évoquent la
magnificence du Moyen-Age

Cavalieri in armature fanno rivivere gli
splendori del Medio-Evo

Der Einzug der Braut im Jahr 1475 – das Vorbild des ersten Festzuges von 1903 und von heute. Das Vorbild aber auch schon jener Fresko-Gemälde im Rathaus-Prunksaal, die in den Jahren 1881 bis 1883 von Münchner Malern geschaffen wurden und die Festgründer Josef Linnbrunner und Georg Tippel zur Wiedererweckung dieses Festes anregten. Hier fanden sie wohldurchdachte, wenn auch nicht in allen Einzelheiten quellengerechte Szenen: Eine Musikgruppe, Herzog Christoph den Starken, von Lanzenträgern begleitet, den Erzbischof von Salzburg unter dem Traghimmel (ihn auf die Straße zu versetzen, erlaubten sie sich doch nicht) den goldenen Brautwagen mit seinen geschmückten Schimmeln und den Bräutigam auf dem Rappen. Ihn schilderte der Markgrafenschreiber beim Einholen der Braut: „Herzog Jörg saß auf einem schwarzen, sehr wohlgeschickten Pferd, und das Zeug am Zaum, Fürbug, war alles mit Perlen bestickt, und das Zeug war breit. Und er hatte an braun, weiß und grau, und der linke Ärmel war bestickt mit Perlen; es waren sehr große Perlen mit einem Reim, der hieß also: In Ehren liebet sie mir . . . Und er hatte einen Hut auf, seiner Farbe, und gar einen kostbaren Kranz um den Hut von Häftlein (Broschen) und vorn einen schönen großen Federbusch, gefaßt in ein großes kostbares Häftlein. Desgleichen hatte das Pferd auch ein Häftlein vorn an der Stirn mit einem Federbusch."

Die „eisernen Ritter"! Als Ritter im Festzug zu reiten, bedeutet Schwerstarbeit und Risiko. Die kleinen, engen Rüstungen schnüren den Atem ein, und ihre Schwere zieht den Ritter vom Pferd, sobald er im geringsten aus dem Gleichgewicht gerät. Nicht nur der Reiter, auch die Pferde müssen lange voraus an die ungewohnten Bedingungen gewöhnt werden. Dann aber bilden sie mit ihren schimmernden Brustpanzern und Helmen und den hochragenden Federbüschen, wie sie im späten Mittelalter mit viel Phantasie variiert wurden, immer einen Glanzpunkt. Die Zuschauer wissen ja, daß sie nicht nur Statisten sind, die im Zug gleichsam „das Rittertum repräsentieren", sondern daß man sie auch in einem Zweikampf sehen wird, der die knisternde Spannung dieses

Musik ist wie einst die Seele des Festes; sie hat einen europäischen Klang

Music, as of old the very soule of every festivity, gives an urbane Europaen tinge to the feast

Comme alors, la musique -d'ampleur européenne- reste l'âme du spectacle

La musica è allora come oggi l'essenza della festa; essa ha dimensione europea

Jubel entlang des Weges: Braut und Bräutigam werden gefeiert

Cheers all along the way: The crowds do homage to the bridal pair

Tout le long du chemin, des cris d'allégresse accompagnent les jeunes mariés

Giubilo lungo il percorso: sposo e sposa vengono accolti festosamente

Turniersports in aufregender Weise vermittelt. So schlägt den „eisernen Rittern", wie das Volk die „edlen Herren im Harnisch" nennt, auch im Festzug eine Welle der Begeisterung entgegen. Aber aufgepaßt: So stolz wie auf dem Pferd, so steif und hilflos auf dem Boden!

Polnische Fanfarenbläser kündigen das Brautgefährt an, und die Hälse der Zuschauer recken sich. Erwartungsvolle Bewegung geht durch die Tausende am Rand der Altstadt, und von Ferne nähert sich das brausende „Hallo". Schon kommt das Gespann in Sichtweite: „Item an der Königin Wagen gingen acht weiße, große Wagenpferde, und die Seile an den Pferden, die waren überzogen mit rotem Tuch; auch war der Knecht gekleidet in schlichtes rotes Tuch, der auf dem Pferd saß, und der Knechte waren zwei." Die Braut beeilt sich, auf beiden Seiten ihres Wagens hinauszuwinken; die Rufe von Tribünen und Fenstern locken sie heraus. Rosensträuße und Blumen prasseln auf sie herab, und das Hallo mischt sich mit den Klängen der Musik zu einem ohrenbetäubenden Lärm. Die Braut lächelt, winkt, fängt Blumen auf. Vielleicht kann man in ihrem Gesicht einen Augenblick die Züge der „Königin" erhaschen? Aber diese hat ja geweint.

Als sie in Landshut einzog, war sie gerade 18 Jahre alt (sehr jung, aber für eine Fürstenehe nicht zu jung). Sie hatte eine strapazenreiche Reise von zwei Monaten hinter sich. Von der Familie war niemand mitgekommen (und sie sollte sie in ihrem Leben auch nicht wiedersehen); selbst der Bruder, König Ladislaus von Böhmen, ließ sich vertreten. Mit der Sprache hatte sie zumindest Schwierigkeiten. Noch verbreiten die Frauen des Hofes, die Jungfräulein, der Beichtvater, heimische Atmosphäre. Aber jetzt, an den Stufen der St. Martinskirche wurde es einsam um sie; jetzt forderte die Staatsraison ihren Tribut. Vielleicht half ihr das steife Zeremoniell der Begrüßung?

Im Portal der Martinskirche standen die deutschen Fürstinnen und erwarteten sie: die Pfalzgräfin, die Markgräfin, die künftige Schwiegermutter Amalie, die Landgräfin, die

Rieneck, Hanau, Öttingen, Schwarzenburg. Sie gingen der „Königin" auf den Stufen entgegen und „neigten sich fest", „aber die Königin neigte sich nur mit dem Haupt". Ihre Frauen führten sie in eine Seitenkapelle, zogen sie um und setzten ihr eine Krone aufs Haupt, unter der ein dünnes Tuch herabhing und das Gesicht verbarg. Nachdem sie sie „geschmückt hatten nach ihren Sitten", führten sie sie zum hohen Altar hinauf, wo der Kaiser und der Bräutigam inmitten der Fürsten und Fürstinnen bereits standen. Während der Trauung, die der Erzbischof von Salzburg als Metropolit von Bayern zelebrierte, sangen Sänger und Organist des Erzbischofs das „Te deum laudamus". 50 Ritter und Edelleute gingen ihr mit Windlichtern voraus, als sie, vom Kaiser begleitet, die Kirche verließ. „Und da man sie herausführte, da hing sie das Angesicht nieder, und das Schläfentuch hing ihr vor die Augen, und sie weinte sehr, und man mochte ihr das Angesicht nicht wohl sehen."

Den Kirchenzug am nächsten Tag benutzte der eifrig notierende Markgrafenschreiber, um sich die Braut ein wenig näher zu betrachten. Ihre Schönheit bezauberte ihn: „Sie ist sehr ein hübsch Mensch und dazu gerad und hat ein liebliches Angesicht und sieht gar frei mit ihren Augen; und sie sind ihr erhoben, daß sie sehr frei stehen; und sie hat gar aus der Maßen schöne Hände, und sie sind gar schmal, mit langen, kleinen Fingern, und auch gar schöne, kleine Arme, und ist gar wohl geschickt. Und" – so fährt er in einer bemerkenswerten Wendung fort – „so sie gekleidet wird nach deutschen Sitten, so wird sie sehr eine wohlgestaltete und wohlgeschickte Fürstin. Auch hat sie sehr ein züchtiges und fürstliches Gebärd." War dem Chronisten bereits aufgefallen, daß die „Königin" nur einen Zopf trug, so scheint ihm besonders der Unterschied in der polnischen und deutschen Mode ins Auge gestochen zu haben. Nach Seybolts Bericht war die Kleidung, die man ihr zur Trauung anzog, „ein köstlich gülden Kleid auf polonisch Sitten". Beim Kirchgang am folgenden Tag fiel dem Markgrafenschreiber ihr roter, seidener Rock auf, der mit Perlen übersät und mit Heideblumen bestickt war und „gemacht gar weit

und nach ihren Sitten". Die „deutschen Sitten" waren jedenfalls anders – mag sein, mehr burgundisch oder holländisch.

Der Bräutigam reitet neben dem Brautwagen her. Auch seine Lebensdaten seien eingeblendet, ehe er den Blicken der winkenden und rufenden Zuschauer entschwindet: Er war gerade 20 Jahre alt. Seit seinem 13. Lebensjahr war er vom Burghausener Familiensitz nach Landshut übergewechselt, wo ihn der Vater frühzeitig in die Regierungsgeschäfte einweisen ließ und durch Huldigung der Stände zum Mitregenten machte.

Der „Prinz" war also zum Zeitpunkt seiner Hochzeit bereits ein regierender Herzog. Der Vater hatte dabei wohl in Besorgnis über seinen eigenen Gesundheitszustand gehandelt. Dem jungen Herzog kam die Schulung sehr zugute. Wenn man Schlüsse aus seinem Fernbleiben in Wittenberg ziehen oder ihm gar verübeln wollte, daß er die Braut erst nahe der Stadt begrüßte, und selbst da durch den Mund des Markgrafen: Er war nicht auf den Mund gefallen. Er diente später zeitweilig am kaiserlichen Hof als Hofmeister und war überhaupt, wie die Landshuter Stadtchronik weiß, „ein gar feiner Herr und in der Hof-Fahrt und in zierlichen Manieren gar wohl erfahren". Angeblich hat ihn der Kaiser von seinen Bräutigam-Pflichten abgehalten; für den mußte er ständig beflissener Gastgeber sein.

Ein königlicher Kammerwagen

Dem Brautwagen folgen wie einst polnische Edelleute zu Pferd und der „Gespielinnenwagen". Die Polen hatten auf der Reise immer wieder Rasttage eingelegt, um ihren Pferden Schonung zu gewähren. Viele blieben dennoch auf den regendurchweichten Straßen zurück. Und wie würden sie selbst wieder zurückkommen? War nicht die Angst vor der Pest, die sie auf dem langen Marsch begleitete, schon genug? Sogar in Witten-

Reich mit Silbergeschirr und Pelzen beladen: der Brautgutwagen

Laden with costly silver tableware and furs: The wagon with the royal bride's trousseau

La voiture chargée du riche trousseau de la mariée: de l'argenterie et des fourrures

Il carro con i beni della sposa è stracarico di pellicce e servizi d'argento

berg, wo es beim Empfang vor der Stadt „stetig regnete", hat es sich bei der Ankunft „an der Pestilenz fest gestorben". Manche von ihnen haben wirklich die Heimat nicht wiedergesehen, einzelne kamen nur zurück, um ihrem Herrn das Fest zu schildern und zu sterben. Die herrlichen Pferde, Sattelzeuge und Rüstungen, die einige von ihnen als Erinnerungsgeschenk nach Hause brachten, wogen solche Opfer nicht auf.

Aber in Landshut waren sie guter Dinge. Als sich der Zug am Dienstagmorgen auf die Stadt zu bewegte, hatten sie sich festlich gekleidet: Sie trugen goldene und seidene Stoffe, mit Perlen übersät. Und einer, der mächtigste von ihnen, ritt voran in einem goldenen Reitrock. Er trug einen Hut mit Seide umwunden. Einzelne Pferde in der Umgebung der „Königin" waren mit goldenen Schabracken fast verdeckt, ihre Zaumzeuge glänzten von Perlen und silbernen Spangen. Das auftrumpfende polnische Gefolge, in dem einzelne „nach deutscher Art" in Schmuck und Harnisch prangten, andere durch orientalischen Glanz staunen ließen, zählte an die 300 Personen und 650 Pferde. Sie kamen nicht nur aus Polen, sondern auch aus Litauen, Rußland und dem Tartarenland und hießen Monawitt, Sinowitz, Zizowsky, Lubeltzky, Dlugosch, Burlisky, Losintzky, Tarnowsky, soweit sie als herausragend empfunden wurden und man ihre Namen richtig verstand. Auch die Woiwoden von Kalisch, Stanislaus von Ostrorog, und von Lentschiza, Nikolaus von Kutnow, waren im Zug, während die Herzogin von Teschen mit vielen Polen und Litauern bereits von Wittenberg aus den Rückweg angetreten hatte.

Die Polengruppe im Festzug: gewandte Reiter, die mit viel Geschick ihre rassigen Pferde durch den Trubel der Stimmen und wechselnden Szenerien lenken, ein Kunststück besonders vom eleganten Damensattel aus und auf dem beschwerlichen historischen Pflaster.

Königlich war die Ausstattung der Braut, die sie in ihren Kammerwägen mit sich führte. Darüber hat der königliche Vizeschatzmeister und Kanoniker der Kirchen zu Krakau

Die Polinnen reiten im eleganten Damensattel

Polish ladies riding side-saddle

Les polonaises, élégamment montées à cheval en amazone

Le nobildonne polacche cavalcano elegantemente all'amazzone

66

und Posen, Thomas Trintschinky, ein genaues Verzeichnis angefertigt, als er die Aussteuer dem Brautpaar zu Landshut übergab. Es ist eines jener Dokumente, die uns die Menschen von damals wie durch ein Vergrößerungsglas nahe bringen. Zuerst werden die Kleidungsstücke aufgeführt: eines von Zobel, dessen Ärmel mit Damast umsäumt sind, von roter Farbe und mit eingewebtem Gold, auch mit Margariten und Perlen bestickt; Mäntel mit roter, brauner oder grauer Verzierung, mit Seide und Hermelin verbrämt und mit Granatapfelmustern, auch mit eingewebtem Gold oder einfach mit grünem Taft unterzogen; Röcke von Atlas und Damast, mit roten und weißen Verzierungen. In weiteren Kisten befanden sich zahlreiche Zobel- und Marderpelze, meist mit weiten, gesäumten oder ungesäumten Ärmeln, und Schauben (das sind knöchellange Kleider) von grünem, gelbem oder rotem Atlas, auch mit Zobel unterlegt. Zum Bettzeug gehörten: drei Kopfkissen mit roter Verzierung, goldverbrämt, vier Kissenbezüge von rotem Damast und eingewebtem Gold, Steppdecken mit roter Verzierung und eingewebtem Gold, gewebte Leintücher, ein Betthimmel aus weißem persischem Garn, mit Umgang, Seidendecken, ein Kistlein mit Fürtüchern (Schürzen), welche die Königin von Prandis, ihrem Kämmerer, geschenkt bekommen hatte, zwölf überzogene Kissen für das Haus und sechs kleine für den Reisewagen, zwei Federbetten, acht Teppiche und vier Busentücher „zum Schmuck und zur Ehre der Königin". Mit amtlicher Genauigkeit vermerkt der Vizeschatzmeister, daß die königliche Herrin einen der zehn Marderpelze, die für sie zubereitet waren, der Gräfin von Gleichen gen Hof schenkte, so daß nur noch neun vorhanden sind. Königlich war auch die Mitgift an Silbergeschirr: zehn große silberne Schüsseln, vier Waschbecken, davon zwei innen und außen vergoldet, zwei silberne Leuchter und 30 silberne Löffel, 21 silberne Weinbecher (von denen die Königin einen dem Logosky schenkte) und ebenso viele silberne Kannen, je zwei silberne Blumenträger und Konfektschalen. 14 Halsketten und 15 andere Schmuckstücke wurden der Königin in Landshut geschenkt, „die alle mit den übrigen Kleinodien, Halsketten und anderen Schmuckstücken, die ihr vom Herrn, dem König, in Polen

68

Der Haufen der Reisigen singt markige Landsknechtslieder

The mercenaries sing their manly songs

La troupe des lansquenets entonne des chants énergiques

Il gruppo dei mercenari canta vigorose canzoni

geschenkt wurden, die Königin in einem eigenen Kistlein zu ihrer Hand hat". Am Ende des Verzeichnisses stehen 20 Pferde von den Schatz- und Kammerwägen und 16 Pferde des Brautwagens und anderer Fahrzeuge des Brautzuges.

Das waren die Gegenstände, die ihr künftig die Heimat ersetzen sollten, neben einigen Menschen der nächsten Umgebung. Als man nach ihrem Tod im Februar 1502 auf der Burg von Burghausen ihre Hinterlassenschaft ordnete, fanden sich in der Kapelle auch noch ein paar Pelze. Wo mag das Gold und Silber hingekommen sein? Sicher haben einen Teil davon die beiden Töchter mitbekommen oder geerbt, die eine, Margaret, als sie 1494 ins Kloster der Dominikanerinnen in Altenhohenau eintrat. Sie hat wohl über den Erbfolgekrieg hinweg Erinnerungsstücke nach Neuburg a. d. Donau mitgebracht, wo sie fern von den verhaßten Münchner Vettern bei ihren Neffen eine Zuflucht fand. Anderes erhielt wohl die Tochter Elisabeth, als sie 1499 mit Pfalzgraf Rupprecht verheiratet wurde. Ihren Besitz mag der Erbfolgekrieg verschlungen haben, der ihr selbst und ihrem Gemahl im Sommer 1504 das Leben kostete, und der auch den sagenhaften Schatz im Turm von Burghausen dahinraffte.

Wie die Vorboten dieses verheerenden Bruderkrieges der Bayern muten die martialischen Gestalten der Reisigen an. Aber in diesem frohgestimmten Zug sind sie nicht rauhe Krieger, sondern trinkfeste, vor allem sangesfreudige Kumpane. Jetzt sind sie bei der zweiten Strophe: „Wir kamen nach Friaul, da hetten wir allsamt ein voll Maul." So prahlen sie in markigen Tönen, schaurig-schön und begeisternd! Ihre langen Spieße hätten sie zur besseren Bequemlichkeit lieber etwas kürzer, aber sie werden sie noch brauchen, nicht nur, um die Buchskränzlein der Schönen im Wind flattern zu lassen.

Volkstümliche Nachhut

Längst bewegt sich der Festzug wieder die Altstadt herauf, vorbei an St. Martin, dem Turnierplatz zu. Da erkennt man die grotesk gekleideten Moriskentänzer, die im Vorüberhuschen noch ein paar ihrer bizarren Sprünge vollführen. Ein orientalischer Farbtupfer in diesem Festzug der polnischen Braut, fast schon ein Schlußakkord! Aber in ihm nochmals die Fülle unbegreiflicher Eindrücke. Die Begegnung mit einer fernen und doch so bewegenden, aufwühlenden Welt. In der Neustadt, über den Postplatz und die Altstadt fegen bereits die zerzausten und zerlumpten Zigeuner (pardon: das fahrende Volk) über die Straßen, um aufzusammeln, was ihnen freundlich-boshafte Zaungäste mitten unter die Pferdeäpfel geworfen haben. Mögen sie sich nur auch einmal um den Pfennig bücken, diese Bohemiens! Eine lange Zunge ist das einzige, was solchen Spendern gebührt.

In Heiterkeit löst sich die Spannung der Zuschauer. Nach über zwei Stunden erhebt man sich auf den Tribünen, verfolgt mit Schmunzeln den Wirbelwind der Landfahrer, die breite Straße hinauf, die sich rasch mit Menschen füllt. Man mischt sich auch darunter und begreift langsam, daß man in die Wirklichkeit zurückkehrt. Eine Polizeieskorte umringt eine Gruppe von hohen Gästen, die bei so viel Begeisterung und Zuneigung beängstigend ins Gedränge kommen. Man erkennt Politiker und Minister, Geistliche und Militärs. Sie haben ein wenig am Rande des Protokolls – des ihren und auch der „Hochzeiter" – die Sympathiebeweise der Vorüberziehenden entgegengenommen, Rosen ins Knopfloch gesteckt und aus kühlen Humpen getrunken. Das „Hallo" des Reisigenchores war ihnen ein Willkommensgruß aus einer Stadt, die sich einmal eine Metropole des bayerischen Staates nennen durfte. Daß der bayerische Ministerpräsident diesem Fest seine Aufwartung macht, versteht sich fast von selbst, und daß das Haus Wittelsbach seine Verbundenheit bekundet, ist gute Tradition. Sie ist auch nach

Moriskentänzer, ein exotischer Farbkleks im Hochzeitsbild

Morris dancers – an exotic spot in the colorful palette of the wedding scene

Des danseurs moresques apportent une note d'exotisme à la cérémonie nuptiale

Le danze moresche offrono una nota di colore esotico nel quadro delle festività

Fahrendes Volk erntet den Schlußapplaus

Wayfaring jugglers get the crowds' last cheers

Les vagabonds obtiennent les derniers applaudissements

Gli zingari raccolgono l'applauso finale

der Revolution von 1918 nicht abgerissen, als es die „Förderer" besonders schwer hatten, wieder an die Geschichte anzuknüpfen.

Im Jahr 24 muß es gewesen sein, als eine honorige Delegation und drei „eiserne Ritter" den Kronprinzen Rupprecht, den verehrten und beliebten Sproß des Hauses Wittelsbach, vom Bahnhof abholten. Als sie ihn nach einem heißen und für die Rittersleut allzu durstigen Tag wieder zurückgeleiteten, stürzte noch ein Reporter auf ihn zu: „Königliche Hoheit, was hat Ihnen denn jetzt bei der Hochzeit am besten gefallen?" Und die Königliche Hoheit schmunzelte: „Am besten hat mir gefallen, daß mich drei eiserne Ritter vom Bahnhof abgeholt haben, und jetzt sind es nur noch zwei."

Am Landständehaus vorbei, das mit den Ahnen der Wittelsbacher geschmückt ist, schiebt sich die Menschenmasse aus der Stadt hinaus. In diesem Haus tagten die Abgesandten des Adels, der hohen Geistlichkeit und der Städte des Landes. Hier stritt man mit dem Herzog über Krieg und Frieden, Recht, Wirtschaft, Zölle, Steuern, und wohl auch um die Mitgift mancher Prinzessin. Wenn auch Reichtum, Macht und Kultur im Fürsten und Landesherrn gipfelten, basierten sie doch auf dem Wohlergehen des ganzen Volkes. Und wenn es der Herzog im Tauziehen mit den Landgewaltigen einmal vergaß, dann sagte es ihm der Ritter Wolfgang von Aham schonungslos: „Du sollst wissen, Herzog, daß du für deine Landleute da bist, nicht diese für dich. Zwar besitzt du die Herrschaft nach Erbrecht, aber was wärst du ohne Untertanen?"

ZUR HULDIGUNG: REITER- UND RITTERSPIELE

Der Festzug mündet von der Altstadt in den Turnierplatz ein. Es ist jener Platz am Isarufer, den man früher wegen seines sandigen Überschwemmungslandes den „Gries" genannt hat, und wo am 14. November 1475 gegen Mittag die Braut empfangen wurde. An diesem historischen Ort hat man große Tore, Tribünen und Zelte errichtet. Und hier werden sich in Erinnerung an die Ereignisse von 1475 unter den Augen von vielen tausend Zuschauern die Reiter- und Ritterkämpfe, vermischt mit farbenprächtigen Darbietungen der Fahnenschwinger, abspielen, während die Fürsten auf der hohen Tribüne eine wohlverdiente Erfrischung zu sich nehmen.

Von einem „Kommandostand" aus haben die „Grieswärtel" auf dem Platz ihre Anweisungen über Funk erhalten: Fotografen entfernen, Kinder über das Feld verteilen, polnische Fanfarenbläser spielen! Schon heben sie über der Toreinfahrt ihre Fanfaren. Der Einzug der Fürsten beginnt. Ein Sprecher am Mikrophon entbietet den Gästen aus nah und fern ein herzliches „Grüß Gott" und wird in der kommenden Stunde eine Brücke zwischen den Geschehnissen von einst und heute schlagen.

Einzug der Gäste

Der kaiserliche Bannerträger zu Pferd kündigt Kaiser Friedrich und seinen Sohn Maximilian an. Das Volk strömt zusammen, um sie zu bestaunen. Die Kaiserlichen Fanfarenbläser reiten voraus, an der Spitze der Pauker auf einem Schimmel. Bei dem Enthusiasmus, der ihnen hier entgegenschlägt, zeigen die Strapazen des Festzuges noch keine Wirkung. Es ist, als ob auch die Pferde nochmals Schritt und Haltung strafften, als sie den Schlagbaum zum Turnierplatz passieren. Der Kaiser, ganz Majestät, vom ersten Tag seiner Wahl an von seinem Auftrag erfüllt. Sein leibhaftiges Vorbild hat seinerzeit

fast mehr für Aufsehen gesorgt als Braut und Bräutigam und das Protokoll erheblich durcheinandergebracht. Immerhin begleiteten ihn an die 600 Personen, als er vom Reichstag zu Köln nach Wien zog und Landshut die Ehre seines Besuches gab.

Auf der Hochzeit gab er sich leutselig, gesprächig und heiter. Sein Sohn, Herzog Maximilian, war damals 16 Jahre alt und hat wohl in Landshut bleibende Eindrücke empfangen, vielleicht auch solche, die ihm 30 Jahre später, als Herzog Georg ohne männliche Erben gestorben war, das Bündnis mit dem Münchner Herzog Albrecht erleichterten und das Ende der Landshuter Dynastie besiegelten. Hier in Landshut machte der Kaiser nicht den Eindruck einer „Erzschlafmütze des Heiligen Römischen Reiches". Im Gegenteil: Das „glückliche Österreich heiratete" sogar in Landshut. Kaum einer der Großen, der hier nicht mit dem Hause Habsburg verwandt war.

Die Kaisergruppe wird abgelöst von einer Gruppe um Herzog Ludwig, den man in der Sänfte auf den Platz schaukelt. Wappner und Aalspießträger, die Sicherheitsbeamten seiner Zeit, begleiten ihn. Dann ein Reisewagen: Herzogin Amalie winkt heraus. Sie ist von Burghausen zur Hochzeit ihres Sohnes gekommen, wie sie es sich schon ein Jahr zuvor, mitten im Winter, nicht hatte nehmen lassen, auch der Hochzeit ihrer Tochter in Amberg beizuwohnen. Das mögen schon ihre Zeitgenossen bemerkenswert gefunden haben; denn sie galt als menschenscheu. So hatte der Gemahl angeordnet, daß in Burghausen immer eine der Hofdamen bei ihr schlafen mußte, weil die Fürstin „forchtig und schrickig" sei, und auch in Amberg ist sie zweimal nicht zum Essen erschienen, sondern hat „in ihrem Gemach gegessen". Andererseits rühmt ihr der Chronist nach, die „Herzog Ludwigin" sei „bei gutem Stand und Wesen" und habe „ein ehrbar, ehrnhaft Gebärd", was sich natürlich nicht auf ihren Seelenzustand bezog, sondern auf ihr fürstliches Auftreten. Wie wird sie sich in Burghausen mit ihrer Schwiegertochter arrangieren?

Die herzogliche Hofmusik ruft zu den „Huldigungen"

The Duke's musicians call the participants to do homage to the bridal pair

La musique de la cour ducale convie à présenter les hommages

La musica ducale aulica invita a presentare gli omaggi

Kinder sammeln sich zum Empfang der Braut . . .
oder warten gespannt auf das Turnier

Children gather to welcome the bride . . .
or to watch jousters and tilters

Des enfants rassemblés pour accueillir la fiancée . . .
ou attendant impatiemment le tournoi

I bambini si riuniscono per attendere la sposa . . .
o sono in ansiosa attesa del torneo

„Die Braut kommt!"

Here comes the bride . . .

«La fiancée arrive!»

«Arriva la sposa!»

Die Braut zieht ein. Von lichtertragenden Pagen flankiert und vom Bräutigam und polnischen Adel gefolgt, fährt sie vor die Fürstentribüne. Der Kaiser und sein Gefolge erwarten sie und begleiten sie die Treppe hinauf, wo sich die Fürsten erhoben haben und sie mit Ehrerbietung begrüßen. Dazwischen spielt die Musik des Herzogs. Jetzt gibt es endlich Rast und eine kleine Erfrischung. Pagen schaffen Speis und Trank herbei, und man harrt mit Spannung der Ereignisse auf dem Rasen.

Auf der Tribüne speist das Brautpaar gemeinsam. In Wirklichkeit nahmen sie ihr Hochzeitsmahl getrennt ein: der Bräutigam am Tisch des Kaisers im Zollhaus (heute steht an seiner Stelle die Residenz) und in Gemeinschaft mit anderen Fürsten; die Braut in ihrer Herberge mit den ersten polnischen und deutschen Damen, bedient von Fürsten und Grafen als Essenträgern, Speisenvorlegern und Mundschenken. Der Chronist ist voll des Lobes über dieses Paar, und auch das Urteil anderer Zeitgenossen ist einhellig: Herzog Georg und seine Gemahlin waren ein Herrscherpaar von Eleganz, Bildung und Ausstrahlung. Aber die Frage drängt sich auf: War dieses zierliche Geschöpf nicht doch zu schwach für das, was seiner harrte an öffentlichen und familiären Pflichten, und was es an Durchsetzungsvermögen in dieser fremden Welt zwischen Landshut und Burghausen gebraucht hätte?

Ein Vergleich mit einer bayerischen Prinzessin drängt sich auf, die im Jahr 1385 an den französischen Königshof geheiratet hat, die Herzogtochter Isabeau. Auch sie hat bald nach ihrer Heirat nicht mit ihrem (zeitweilig geistesgestörten) Ehemann, König Karl VI., in der französischen Regierungszentrale Paris gelebt, sondern auf verschiedenen Schlössern, wo sie der König gelegentlich besuchte. Aber sie hat es trotz mangelnder Sprachkenntnisse verstanden, im Laufe ihrer Regierungszeit auch Politik zu machen und ihrem Bruder in Ingolstadt sagenhafte Schätze zuzuspielen, allerdings auch, sich bei den Franzosen über das Grab hinaus unbeliebt zu machen. Ein ganz anderer Charakter war Herzogin Hedwig.

Auf der Burg von Burghausen war sie nicht „verbannt" oder gar gefangen. Sie lebte dort zusammen mit ihrer Schwiegermutter und ihren Kindern (zwei Töchter überlebten sie) und eines ansehnlichen Hofstaates, übrigens auch mit einer ganzen Menagerie von ausgesuchten Tieren. Sie reiste gelegentlich (der Wallfahrtsort Altötting zog sie wohl nicht von ungefähr an), setzte sich einmal brieflich für einen unschuldigen Häftling in Passau ein und tat sich ihr ganzes Leben lang als Mäzenin hervor. Altbayerische Kirchen tragen im Gewölbe den polnischen Adler als Zeichen ihrer Hilfe, und die Wiedererrichtung des Klosters Altomünster im Jahr 1495 war ihr und ihres Gemahls alleiniges Werk. Von dieser frommen Stiftung ist auch ein Holzschnitt mit ihrem Porträt überliefert, das mit dem in der Kapelle zu Burghausen auffallende Übereinstimmung zeigt. Ein tieferer Einblick in ihre Lebensverhältnisse, der durch den Erbfolgekrieg von 1504 fast aussichtslos gemacht wurde, würde uns die „Königin" Hedwig, die sich in Urkunden auch später „geborene Königin von Polen" betitelte, als eine vorbildliche Landesmutter und sicherlich eine der bedeutendsten Frauen der bayerischen Geschichte erkennen lassen.

Inzwischen haben auf der Fürstentribüne und drumherum alle hohen Herrschaften Platz gefunden, und man kann sie, wenn man gegenüber auf den aufsteigenden Zuschauertribünen sitzt, unter dem Schatten der Bäume, die kühlende Isar im Rücken, gemütlich Revue passieren lassen oder mit forschenden Blicken suchen: Die Österreicher und Sachsen, Pfälzer, Brandenburger, Württemberger. Einige Mönche sieht man in dem bunten Mosaik, aber auch den Erzbischof von Salzburg und weitere Bischöfe (stellvertretend für zahlreiche geistliche Würdenträger und ihre Begleiter) sowie die Komture der bayerischen Deutschordenskommenden Gangkofen und Blumental. Die Vertreter der Reichsstädte Regensburg, Nürnberg, Ulm, Nördlingen, Dinkelsbühl, Augsburg, Donauwörth und Frankfurt sitzen am Fuß der Tribüne, wo auch der Flor der Edeldamen prangt.

Fahnenschwingen ist Gemeinschaftswerk

Brandishing the noble guests' colours means exacting teamwork for the boys

Le maniement des drapeaux est un travail d'équipe

Le esibizioni degli sbandieratori sono una opera collettiva

Wurffahnen grüßen die Burg

Light flags – whirled high to greet the castle

Des drapeaux jetés en l'air semblent saluer le château fort

Bandiere lanciate in alto sembrano salutare il castello

Huldigungen zu Fuß und zu Roß

Inzwischen ist es auf dem Rasen lebendig geworden. Fahnenschwinger mit großen, kurzstieligen Schwingfahnen haben sich formiert und beginnen ihr Spiel. Sie schwingen ihre bunten Fahnentücher über die Köpfe hinweg und gebückt über den Rasen, erweitern und verengen das Feld, einzeln und paarweise, bis sie im Auslaufen nochmals ihre Fahnen zum Gruß vereinen. Die Werfer schleudern ihre Fahnen durch die Luft, so daß sie sich in der Höhe zu begegnen scheinen, bevor sie zum gegenüberstehenden Freund hinabsausen. Der fängt sie auf, und das Spiel beginnt von neuem. Wie im Mittelalter bewährt sich hier der Gemeinschaftsgeist, der weit über die „Hochzeit" hinausreicht und eine Voraussetzung für das Fest ist.

Die Reisigen ziehen singend ein. Diesmal ist es das Lied von der Maid, der sie ein Tränklein gemischt haben, so daß sie endlich doch von ihrer Tür „den Riegel dannenstieß". Dann bauen sie sich vor der Tribüne auf, um ein markiges Preislied auf Landshut zu schmettern. Auf ein Kommando trennen sie sich in zwei Gruppen. Einzelne springen mit langen Stangen zum Zweikampf vor, während sie von ihren Kumpanen angefeuert werden. Ehe aus dem Spiel Ernst zu werden droht, stemmt einer ein Faß auf die Schultern und reißt die Raufhähne mit sich fort. Ein Signal ertönt, und die Ringelstecher jagen auf ihren Pferden vor die Tribüne. Eine Ehrenrunde gilt dem Brautpaar. Dann beginnt der Kampf um die meisten Ringe am „Galgen". Dieses Spiel gleicht einem Wirbelwind, der die Zuschauer mitreißt. Freude oder Enttäuschung auf den Gesichtern der Reiter und ihrer Freunde, die auf den Tribünen die Daumen halten. Eine letzte Ehrenrunde am Fürstenzelt vorbei, und wie einen Spuk hat sie der Platz verschlungen. Nur der Narr hängt noch einen lustigen Kehraus an, indem er auf einem Knappen reitend den Ring am Galgen mit einer Lanze durchbohrt. So leicht kommt der Reiter beim Roland-Stechen nicht davon. Wer den Roland, der an einer Stange aufgehängt ist, trifft und ihm nicht blitz-

schnell ausweicht, dem geben die ausschwingenden Kugeln an den Ärmeln einen schmerzhaften Schlag.

Während die Ringelstecher mit rasanten Ritten begeistern, die Erde aufspritzt und die Mähnen flattern, ist bei den Turnierrittern Bedachtsamkeit und Geduld oberstes Gebot. Was einst bei den Turnieren in tagelangen Vorbereitungen und Wettkämpfen einer unendlich schaulustigen und geduldigen Menge vorgeführt wurde, das drängt sich hier auf eine halbe Stunde. Die Spannung ist entsprechend groß, seit man im Hintergrund des Turnierplatzes die Ritter in ihre Rüstungen steigen sieht. Von der Amberger Hochzeit wird berichtet, daß einzelne Fürsten gar nicht zum Festessen erschienen, weil sie bereits „auf ihr Handlung zum Stechen" gewärtig waren. Nach dem Hochzeitsmahl begannen dann die Kämpfe, und die Ritter begeisterten sich so sehr, daß es „dunkel worden gein der Nacht, daß man sie kaum sehen mocht". In der Landshuter Altstadt verzögerte sich der Kampf Herzog Christophs mit einem Polen so lange, daß er auf den nächsten Tag verschoben werden mußte. So viel Geduld verlangt hier niemand. Aber es geht auch nichts mit Hektik und schon gar nichts nach Plan. Man spürt, daß hier die Pferde den Rhythmus bestimmen. Der Einzug der Paare zum Turnier war immer von großem Gepränge, vielen stolzen Rossen und einem fürstlichen Geleitzug umrahmt.

Man kennt die Turnierritter an ihren Farben und Wappen; dazu dienten diese ja auch in den Schlachten des hohen Mittelalters. Es ziehen ein: der Markgraf Friedrich von Brandenburg, ein Vetter des Bräutigams (man erkennt ihn an seiner schwarz-weißen Pferdedecke), dann Graf Eberhard von Württemberg, durch seine Mutter ebenfalls ein Vetter des Bräutigams (er trägt die Farben Schwarz und Rot) und Herzog Sigmund von Österreich, Graf von Tirol (seine Farben sind Rot-Weiß-Rot). Dann feiert das Publikum den sagenumwobenen Herzog Christoph den Starken von Bayern-München, weithin erkennbar an seinen weiß-blauen Rauten auf der Tartsche und der Schabracke des Pferdes. Dem Münchner Herzog geht der Ruf seiner Kraft voraus, mit der er damals

Der „Roland" kann gefährlich um sich schlagen

The quintain, a medieval applicance that may dangerously strike the rider's back

«Roland», le mannequin mobile, peut devenir dangereux

L'Orlando può essere pericoloso se toccato maldestramente

einen baumstarken Polen bezwang. Aber war sein Kampf wirklich so heldenhaft, wie ihn die Geschichtsschreiber durch die Jahrhunderte ausgeschmückt haben? Jedenfalls verlief er anders.

Der Pole hatte Herzog Christoph um ein „Kleinod", also ein Schmuckstück, angesprochen, das ihm gefiel, und der Herzog bedeutete ihm, er könne darum kämpfen. Würde er besiegt, sollte er den Preis von hundert Gulden zahlen, würde er gewinnen, sollte er das Kleinod haben. Aber die beiden Kontrahenten, der Sprache und Gebärden des Gegners nicht mächtig, trauten einander nicht. Sie schickten immer wieder ihre Begleiter, um den Gegner nach unerlaubten Hilfen untersuchen zu lassen, unter den Armen, am Gesäß, am Sattelzeug. Der Kampf mußte schließlich verschoben werden, und das peinliche Untersuchen begann anderntags von neuem, bis dem Bruder des Herzogs, dem Herzog Albrecht, die Geduld riß und er ein paar zornige Worte in die Bahn rief. Damit war auch die Stimmung der beiden Helden auf dem Siedepunkt. Und so sah es der Chronist: „Herzog Christoffel rannte den Polacken herab, und trafen beide gar wohl, daß dem Polacken sein Spieß zerbrach; und er riß das Pferd mit ihm um." Pferd und Reiter lagen auf dem Boden. Herzog Christoph aber wendete sein Pferd rasch und ritt drohend auf den Polen zu, daß seine Knappen ein lautes Angstgeschrei erhoben. Darüber hinaus schweigt der Chronist. Aber ein anderer Zeuge, der Landshuter Kaplan Veit Arnpeck, hat auch das Ende miterlebt: Herzog Christoph, schreibt er, rannte mit einem Polacken um ein Häftl für hundert Gulden: „das gewann der Herzog ritterlich, aber er schenkte es dem Polacken und dazu ein köstlich Pferd". Wenn es stimmt, dann war der Herzog nicht nur ein Hitzkopf, sondern auch ein Ritter. Übrigens turnierte er ein Jahr zuvor in Amberg und ein Jahr später in Budapest. Die Münchner Brüder, die damals gerade Mitte der zwanzig waren und unverheiratet, lassen auch in Landshut ihren Streit um die Regierung in München spüren, der noch viel Ärger heraufbeschwören und dem Herrn von Abensberg eines Tages sogar das Leben kosten sollte.

90

Nun zieht der Ritter Ludwig von Westerstetten ein. Er stammte aus der Gegend von Ulm und war wohl ein besonderer Vertrauter Herzog Georgs; denn mit ihm turnierte er noch am Vorabend des Hochzeitstages. So berichtet es jedenfalls der Markgrafenschreiber; ihm darf man in Details den Vorzug vor dem Chronisten Hanns Seybolt geben, der möglicherweise aus der Erinnerung irrtümlich den Hans von Bodmann als Gegner nennt. Dieses Turnier zeigt jedenfalls, daß der Bräutigam in guter Verfassung war, und daß es an Leichtsinn auch nicht mangelte. Denn nur zu leicht hätte er sich Arm und Bein brechen können, wenn man nicht an Schlimmeres denken will. Für einen vom Junggesellenleben scheidenden Edelmann scheint das Turnier unvermeidlich gewesen zu sein. So turnierte auch der König Matthias in Budapest während seiner Hochzeit, und die junge Frau „ging aus dem Fenster", als er die Lanze einlegte, „und wollt dem König nicht zusehen".

Der Kaiser wollte eigentlich kein Turnier und kein „Gesellenstechen" haben, aber nun rollte es doch in voller Pracht ab. Da er wohl nicht erwarten konnte, daß die Edelleute ausgerechnet in Landshut auf ihren Lieblingssport verzichten würden, mag er etwas anderes gemeint haben, nämlich ein „allgemeines Turnier", zu dem die ganze Ritterschaft des Reiches ordnungsgemäß geladen wurde wie zu einer Ritter-Olympiade. In der Tat sprach man bei unserer Hochzeit gar nicht von einem Turnier, weder von einem Buhurt (bei dem zwei Ritterhaufen gleichzeitig aufeinander losgingen), noch von einem Tjost, dem Zweikampf. Ausdrücklich wissen wir von Turnieren anläßlich der Hochzeit des Grafen Ulrich von Württemberg und des Herzogs Ludwig des Reichen. Und nur solche Turniere wurden auch in den Turnierbüchern gezählt; sie dienten der Ritterschaft zum Nachweis ihrer Standesmäßigkeit und Ehrenhaftigkeit. Bei unserer Hochzeit ging es dagegen nur um Kurzweil, Kräftemessen, auch Ehre und sogar materiellen Gewinn. Dafür brachte man auch seine eigenen „Stechroß", seine Harnische und Waffen mit im Troß.

Das „Rennen über die Planken"

Zur Ehre der Königin „rannten" viele Ritter bereits auf dem langen Marsch. Immer wieder haben die Braut und ihre Begleiterinnen mit ihren Wägen einen Ring gebildet, um den Kämpfern zuschauen zu können. Beim Empfang vor der Stadt Wittenberg haben im Feld vor der Königin „im Harnisch mit Spießen gerannt" Niklas Herr zu Abensberg und Ulrich vom Breitenstein, Marschalk; auch andere deutsche Edelleute werden namentlich genannt. Beim Einziehen in Leipzig haben vier „Sächsische" im Feld und in der Stadt mit Spießen gerannt. Und als die glücklichen Heimkehrer über dem Isartal bereits vom Klausenberg herab die Stadt Landshut im Blick hatten, rannten nochmals vier im Feld „beim Vorüberziehen der Königin". Der Turniervogt reitet als erster auf die Bahn. Er trägt einen Stab in der Hand, der seine schiedsrichterliche Gewalt symbolisiert. Er leitet auch die „Helmschau", das heißt die Prüfung der Turnierfähigkeit und der Waffen. Dann nehmen die Ritter mit ihren Knappen an den Enden einer hölzernen Barriere Aufstellung, und je zwei bereiten sich auf ihren ersten Ritt vor.

Unser „Turnier" ist ein sogenanntes „Rennen über die Planken", das heißt, daß die Kämpfer beiderseits an einer Planke entlangreiten und sich über sie hinweg zu treffen, nach Möglichkeit aus dem Sattel zu heben versuchen. Eine solche Planke ist übrigens auch in dem berühmten Stundenbuch des Herzogs von Berry, einem Zeitgenossen und Verwandten der Königin Isabeau, abgebildet, aber sie ist dort mit grünem Gesträuch behangen, und so war ihr Zweck für den heutigen Herausgeber jenes schönen Buches „nicht ersichtlich". Unsere Planke ist nicht überdeckt (sonst würde man nur den Reiter einer Seite galoppieren sehen), und sie hat auch keine Seitenplanken, zwischen denen die Pferde entlanglaufen, weil die Gefahr des Ausbrechens und Stürzens hierdurch vergrößert würde. Das Wohlbefinden der Pferde geht hier über alles; nicht nur, weil man sie noch öfters braucht, sondern weil ohne ihren guten Willen gar nichts geht.

94

Die Turnierbarriere wird errichtet

Armed footmen put up the lists

On dresse la lice pour le tournoi

Viene eretta la barriera del torneo

Kaiserliche Fanfaren fordern die Ritter zum Kampf

The emperor's trumpeters call the knights to action

Des fanfares impériales exhortent les chevaliers au combat

Le fanfare imperiali incitano i cavalieri alla lizza

Die Alten hatten für diesen Zweck besonders ausgesuchte und trainierte „Stechroß", und das ist verständlich. Ein solches Pferd muß schon von ungewöhnlicher „Kaltblütigkeit" sein, wenn es sich ohne Scheu und Widerstand die Schabracke über Kopf und Körper ziehen und sich dann noch mit einer Lanze vor den Augen herumfuchteln läßt. Das Klappern der Rüstungen, der eigenen und der des Gegners, tut ein Übriges, daß ein Pferd nicht an der Bande bleibt, sondern ausbricht und davonstürmt, und daß der Reiter auch ohne Treffer „absteigen" muß. Und das überrascht nicht; denn die Rüstung wiegt einen Zentner, und sie zieht ihn unweigerlich ins Gras, wenn er nur im geringsten das Gleichgewicht verliert. Die Lanze – in Originaltexten „Spieß" genannt – ist auch hier originalgetreu vier Meter lang. Beim „Rennen" wird versucht, den Gegner aus dem Sattel zu heben, nicht etwa wie beim Stechen lediglich den Schild, die „Tartsche", zu treffen. Deshalb hat das Rennen auch eine spezielle Rüstung, das sogenannte „Rennzeug", das heute noch in vielen Museen der Welt zu bewundern ist. Es sind wahre Meisterwerke der Plattnerkunst darunter, wie sie auch aus Landshuter Werkstätten bekannt sind. Heute hat die „Landshuter Hochzeit" das Glück, eigene „Waffenmacher" zu besitzen, die Könner und Liebhaber zugleich sind.

Die Lanze wird „eingelegt", das heißt in den „Rüst-" und den „Rasthaken". Es sind zwei an der Rüstung befestigte Haken, von denen der hintere die Lanze niederdrückt, der vordere sie aufliegen läßt. Auf diese Weise ist die Lanze so fest mit der Rüstung verbunden, daß der Reiter fast nur dadurch auf den Gegner zielen kann, daß er seinen Körper entsprechend bewegt. (Die Erfahrungen, die bei diesen Übungen gesammelt werden, erklären nicht selten besser als alles Nachdenken, wozu die Details einer solchen Rüstung wichtig waren.) Das Pferd kontrollieren, den Gegner ins Auge fassen, treffen oder wenigstens glücklich herunterfallen, das macht diesen schnellen Sport zur bewundernswürdigen Leistung. „Sie taten ein gutes Rennen und brachen den Spieß" kommentierte dann der Chronist. Es ist ein spektakuläres Spiel mit ungeheuerem Nervenkitzel.

Wenn alles gut verläuft, ist jeder glücklich, auch mit blauen Flecken. Dann denkt auch keiner der jungen Reiter mehr daran, die uns diese Vorstellung aus freien Stücken schenken, wieviele Monate es gedauert hat, bis die Arm- und Beinschienen saßen, die Helme nicht mehr drückten, die Pferde sich Schritt für Schritt gewöhnten. Was die Zuschauer begeistert und uns als Erinnerung bleibt, ist hart erarbeitet, auch von vielen Pferdekennern und -liebhabern, die im Hintergrund die Zügel führen.

Auch auf der Fürstentribüne spürt man das Aufatmen immer wieder, wenn die Braut zum Rasen hinunterschreitet, um dem Sieger einen Ehrenpreis, eine Helmzier von Straußenfedern, zu überreichen. Der Beifall und die Anerkennung kommen aus vollem Herzen, auch wenn einmal nicht die Lanzen splittern. Apropos Lanzen: Die „Förderer" haben sich erlaubt, eine List zu gebrauchen, um den Aufprall ein wenig zu mildern, und sie wundern sich, warum das nicht schon den Alten eingefallen ist!

Auch in Landshut turnierte man damals, wie in allen Residenzstädten, mitten in der Stadt, was den Vorteil hatte, daß die bevorzugten Gäste von den Fenstern herab zuschauen konnten. Dafür eignete sich in Landshut, als hätte man es darauf angelegt gehabt, die verbreiterte Altstadt im Anschluß an die Laubengänge, von deren Obergeschoß auch die Braut mit ihren Jungfrauen heruntersah. Doch lassen wir den Markgrafenschreiber berichten, über den zweiten Tag, Mittwoch nach dem Mittagsmahl: „Item da man gegessen hatte, das war wohl um zwei nach Mittag, da waren zwei Paare auf der Bahn zu rennen: Heinz von Waldenfels, Hans vom Drot (Trotha), ein Parsberger und Joß von Luchau (auch Luka). Und taten beide Paare ein gutes Rennen, daß sie wären gefallen, hätte man ihnen nicht geholfen." Der von Waldenfels stand im Gefolge des Markgrafen von Brandenburg, während der von Trotha zum Gefolge Pfalzgraf Philipps gehörte. Die gleiche Gegenüberstellung läßt sich für das folgende Paar ermitteln. Es kämpften also je ein Markgräfler gegen einen Oberpfälzer. Geholfen haben ihnen ihre Knappen, die üblicherweise neben ihnen herrannten.

Das „Rennen über die Planken", in einem späteren Turnierbuch dargestellt

Medieval jousting, German style, as shown in a later book on jousts and tournaments

La «course sur les madriers», représentée ultérieurement dans un manuel sur les tournois

«La corsa lungo lo steccato» riprodotta più tardi in un manuale sui tornei

Der Turniervogt ist Herr des Kampfplatzes: „So reitet an in Gottes Nam'!"

The marshal of the lists: "In the Lord's name, now run full tilt!"

Le bailli du tournoi est le maître du champ clos: «Que le combat commence au nom de Dieu!»

Il balivo è arbitro del torneo di campo: «cavalcate in nome die Dio»

Am Donnerstag nach dem Essen fand das Rennen zwischen Herzog Christoph und dem Polen statt. Dann kam Herzog Albrecht auf die Bahn, nach ihm Markgraf Friedrich. Ihre Gegner kennen wir nicht. „Item waren auch ein paar auf der Bahn, zwei Herzogische, die rannten mit dem ersten und fehlten; danach taten sie noch ein Rennen und trafen wohl und besaßen beide. Und die Pferde fielen unter ihnen beiden danieder, daß man sie herausziehen mußte." Danach rannten noch zwei, die auch „wohl trafen": „Fritz Geling fiel, und Hans von Luka besaß, doch wäre er auch gefallen, hätte man ihm nicht geholfen." Wieder traf ein Markgräfler mit einem Oberpfälzer aufeinander. Dieser Markgräfler ist uns besser unter dem Namen Geiling oder Geylingen bekannt. Er ist nämlich ein Nachkomme jenes famosen Eppelein von Geylingen, der hundert Jahre vor der Landshuter Hochzeit von den Nürnbergern als Raubritter gefangen wurde, und als er auf seinem Rappen über die Stadtmauer sprang und entkam, zurückgerufen haben soll: „Die Nürnberger henken keinen, eh denn sie ihn haben!"

So wie am Vortag, lag auch an diesem Nachmittag die Braut mit ihren Jungfrauen im Fenster ihrer Herberge, während aus dem dritten Haus neben dem Rathaus die Herzogin Amalie mit ihrer Tochter, der Pfalzgräfin, zuschaute. Der Bräutigam stand währenddessen auf der Bühne (etwa vor dem Rathaus), „darauf man wollte belehnen den Bischof von Bamberg . . ., und es stand bei ihm der Pfalzgraf und andere Fürsten und Herren . . ." Dabei wurde offenbar Graf Hans von Wertheim auch zu einem Kampf gereizt. Er ritt auf einen Polen zu, der ein „kostbares Häftlein an dem Hals hatte hängen", und sprach ihn darum an. Dem Polen war das ein „Wohlgefallen", und er nahm das Schmuckstück zum Zeichen seines Einverständnisses sogleich ab. Aber es kam an diesem Tag nicht mehr zum Kampf, und so erfahren wir auch den Ausgang dieses Rennens nicht; denn am nächsten Tag, es war Freitag, brachen der Markgraf und die Markgräfin nach Ansbach auf, und der Schreiber mußte ihnen folgen.

Die Lanzen splittern – ein brausendes Hallo von allen Seiten

Lances splinter and the crowds cheer. "Hallo!"

Les lances volent en éclats: de tous côtés retentit le fougueux «Hallo» des spectateurs

Le lance si spezzano – un frenetico «Hallo» da tutte le parti

Roß und Reiter erhalten einen Ehrenpreis

Horses and riders receive a prize

Cheval et cavalier reçoivent un prix d'honneur

Cavallo e cavaliere ricevono un premio d'onore

Er wollte sich nur noch rasch in der herzoglichen Kanzlei über die Anzahl der Futterzettel erkundigen, um die Zahl der Pferde notieren zu können, aber da passierte ihm auch noch ein Mißgeschick: „Und da ich herwiederkam, und dieweil hatte man mir den Zaum vom Pferd gestohlen, und sollte eilends reiten."

Der Turnierplatz war gewöhnlich mit Planken abgesperrt und mit Sand aufgeschüttet. Über diesen Platz wachten die „Grieswärtel", und außen herum standen die Wappner: „Desgleichen haben die vorgemeldten anderen Hauptleute die Wappner an die Schranken der Bahn, zu Zeit, so man gerennt und gestochen hat, gestellt, damit Aufruhr und Rumor, ob die entstünden, zuvorgekommen würde." Offenbar steckte den Veranstaltern solcher Treffen das Turnier von Darmstadt noch in den Gliedern, bei dem fränkische und hessische Ritter eine Privatfehde austrugen und 17 Franken und 9 Hessen tot auf dem Platz blieben. Aber in Landshut blieb es friedlich, wie man es bei einer Hochzeit schließlich erwarten durfte. Wenn das Turnier vorüber ist, dann sausen auf unserem Turnierplatz die „Grieswärtel" über den Rasen, um die Trümmer der Lanzen einzusammeln und sich ein begehrtes Souvenir zu sichern.

Die Braut reitet aus. Sie benützt den Damensattel und zeigt ihr goldenes, pelzbesetztes Kleid in seinem Glanz. Perlen sind ihr ins Haar geflochten, und unter der Krone trägt sie das seidene Tuch, das ihr vor den Augen hing, als sie die Kirche verließ. Ein polnischer Leibjäger führt den Schimmel an der Hand, und der junge Herzog winkt mit dem Buchskränzchen.

Von oben, über dem Isartal, grüßt die Burg zu dem Platz herüber, auf dem sich vor 500 Jahren das Brautpaar in strenger Etikette zum erstenmal gegenübertrat.

Wenn die Braut hinter dem großen Tor verschwunden ist, löst sich die Spannung der Mitwirkenden und Zuschauer, und man läßt die Szenen nochmals an sich vorüberziehen. Es war ein Stück unserer Geschichte, das glänzende Zeitalter des Rittertums

Das Brautpaar verabschiedet sich hoch zu Roß

The mounted bridal pair take their leave

Le jeune couple à cheval prend congé de ses invités

La coppia nuziale si accomiata a cavallo

Auch die herzoglichen Falkner sind begeistert

Also the Duke's falconers are thrilled

Les fauconniers du duc sont, eux aussi, pleins d'enthousiasme

Anche i falconieri ducali sono entusiasti

mit seinen hehren Idealen des Kreuzzugskampfes, der aufblühenden Musik und Dichtung, auch der ritterlichen Hilfsbereitschaft für Witwen und Waisen im christlichen Geist. Vielleicht hat man auch ein wenig hinter die Kulissen des stolzen Rittertums geblickt. Nicht allen, die sich scheinbar im Glanz ihres Fürsten sonnten, ist dies leicht gefallen; denn Hofdienst „adelte" nicht nur, er konnte auch zur Last werden. Zwar bildete der Adel neben dem hohen Klerus und dem Stadtbürgertum einen der drei staatstragenden „Stände", aber er zeigte auch in sich ein starkes Gefälle vom Herrn bis zum Diener, so daß eine Generation später die Revolution von 1525 manchen Reichsritter an der Seite des bedrückten Landvolkes sah. Die Zukunft gehörte den Fürsten.

Das Zeremoniell der Veranstaltung flieht auseinander in befreiter Heiterkeit. Buntgekleidete Kinder suchen ihre fürstlichen oder ganz gewöhnlichen Eltern, zeigen ihre Kränze und Blumen, auch ihr Säcklein voll Gutseln, die sie auf dem Weg durch die Stadt aufgesammelt haben. Die Stadtknechte, die vor Augenblicken noch mit ernsten Mienen ihrem Dienst oblagen, greifen nun zum Humpen. Leutselige „Patres" treten an den Zaun und grüßen zum Publikum hinüber, zu vertrauten und fremden Gästen, die aus fernen Ländern angereist sind, um dieses Spiel zu erleben. Ein „Dominus vobiscum" wird über einen reuigen Sünder gesprochen und verstohlen ein Kreuz über ihn gezeichnet (der Herrgott weiß schon, wie's gemeint ist). Langsam leert sich der Schauplatz. Ein Tag hat wieder alles gefordert, und doch ist er noch nicht zu Ende. Die Hochzeit ruft!

Ein Ständchen an dem Zaun, der die Jahrhunderte trennt

Musicians serenading before the fence which separates the centuries

Sérénade près de la palissade qui sépare les siècles

Una serenata alla transenna che divide i secoli

RAST UND ATZUNG IM LAGER

Das Festmahl ist mit Liebe zubereitet. . . dekorativ und zum Anbeissen

The meal, lovingly prepared – a feast for the spectators' eyes – makes everybody's mouth water

Le repas de fête: préparé avec amour, décoratif et tout simplement . . . à croquer

Il banchetto è preparato con accuratezza . . . decorativo e appetitoso

Ein Festbankett der Gotik, mit Musikanten, Essenträgern und Vorschneider, der „Kredenz" im Hintergrund und Gedeck

Scene of a Gothic feast, with musicians, bearers of the dishes, carver of the meat, the sideboard in the background and the splendidly laid out table

Scène d'un banquet gothique montrant des musiciens, des porteurs de plats et l'écuyer tranchant; à l'arrière-plan, la «crédence» et la table magnifiquement dressée

Un banchetto di festa gotico con musicanti, portatori di vivande, trinciatori, «la credenza» sullo sfondo ed i coperti

Im Lager sind schon alle Vorbereitungen getroffen, um das Volk aufzunehmen und zu bewirten. Da und dort flackern bereits die Feuer und brutzeln die Hähnchen am Spieß. Säuberlich getrennt vom Zivilistenvolk und doch in enger Tuchfühlung leben die Mitwirkenden hier ihren Stil je nach hoch und niedrig. Aber selbstverständlich ist auch für das leibliche Wohl der strapazierten Gäste gesorgt. Absperrung muß sein. Wie soll auch ein Feuerspeier in der anbrechenden Nacht noch sein Spektakel wirkungsvoll zur Schau stellen, wenn er von tausend Menschen überrannt wird, wie könnte man einen Blick auf den Pranger werfen, an dem gerade ein Prominenter schmachten muß, bis er eine „Runde" gespendet hat, wie könnten sich die Kinder ihrem Kegelspiel widmen und die Musikanten ein Ständchen spielen?

Die Jahrhunderte sind hier auf dem Lagerplatz getrennt durch einen Hanichelzaun, und man kann zwischen ihnen hindurchspazieren, wenigstens in eine Richtung, nämlich vom Mittelalter in die Neuzeit, nicht umgekehrt. Und so reicht hier einer aus dem 15. Jahrhundert seinen Maßkrug zu einem lieben Besuch hinüber, der mit beiden Beinen in der Welt der Gegenwart steht. Aber an diesem Zaun wird sogar von der Gegenwart noch ins Mittelalter hineingewirkt, zum Beispiel durch die Ehefrauen, die hier wieder einmal einen Blick auf ihre schon das ganze Wochenende als Reisige oder Stadtknechte dienenden Ehemänner werfen können. Die Kinder leben hier wie in einer Traumlandschaft. Spielgeräte sind für sie aufgebaut. Sie lauschen den Musikanten und probieren auch selber, einen Ton aus der Trompete zu zaubern, helfen beim Füttern der Pferde. Bei jedem Koch fallen ein paar Schmankerl ab. Über dem Platz liegt der Duft knuspriger Spanferkel. Die Köche sind im Großeinsatz wie einst.

Eine reich gedeckte Tafel

Hinter dem Rathaus erweiterte man seinerzeit die Fleischbänke, und in der Steckengasse reihten sich die Küchen aneinander. Edelleute wie Jörg von Sandizell und Gebriel Pusch hatten die Oberaufsicht, und ihnen gingen nicht weniger als 146 Köche an die Hand, von denen man manche aus Klöstern ausgeliehen hatte. Die von den Herrschaften mitgebrachten Leibköche, denen man die Speisen roh in die Herbergen lieferte, sind dabei noch gar nicht mitgezählt. Die herzoglichen Jäger und Fischmeister lieferten Reb- und Haselhühner, Antvögel, Auerhähne und Fasanen, Sauen und Rotwild (aus Bayerns paradiesischer Fauna!). Fisch war in die Zehrgaden zu liefern, „so viel die Seen hergeben". Wo kamen die Speisen überall her? Zumeist aus der eigenen Landwirtschaft, aber auch aus dem Ausland. 285 Brüh-Schweine kaufte man zu Burghausen, die sicher aus Österreich stammten, 1133 Schafe führte man aus Ungarn ein, 1537 Lämmer, Heuerlinge und Spätlinge wurden von herzoglichen Untertanen geliefert, 490 Kälber kamen ebenfalls „vom Land herein". Aus über 20 Gerichtsbezirken hat der Herzog bestimmte Mengen von Kleintieren lebend zu liefern befohlen. Dabei wurden den einzelnen herzoglichen Bauern bestimmte Summen abverlangt, zum Beispiel von einem ganzen Hof drei, von einer Hube zwei und von einer Sölde eine Henne. Von den Klöstern, Pfarrhöfen, Zehnt- und Sedelhöfen sollten Koppaunen (Truthähne), soviele sie haben, angekauft werden. Eine eigene Statistik wurde über die aus den Gerichten gelieferten Eier aufgestellt: Schrobenhausen hat geantwortet 6815 Eier, Kastner zu Wasserburg 1600 Eier usw. 323 Ochsen (jeder zum Preis von 5 ½ Gulden) wurden von den Landshuter Metzgern gegen Lohn geschlachtet.

Ferner wurden verspeist 11 500 Gänse, die aus den Landgerichtsbezirken zum Preis von je 9 Pfennigen geliefert wurden; 40 000 Hühner, das Stück für 5 Pfennige, 194 345 Eier für 1 Pfennig je 3 Stück, 220 Zentner Schmalz, 68 Speckseiten, 119 Scheiben Salz, 12 Schaff Erbsen, verschiedene Mehlsorten, Zwiebeln, Stockfisch, Seefische, Heringe,

Truchseß und Mundschenk haben alle Hände voll zu tun

The court's high steward and his cupbearers have a lot of work on their hands

Ecuyers tranchants et échansons ne savent plus où donner de la tête

Maggiordome e coppiere sono del tutto indaffarati

Auch der Adel schmaust auf Kosten des Herzogs

Also the nobles carouse at the costs of the Duke

La noblesse, elle aussi, se régale aux frais du duc

Anche i nobili banchettano a spese del duca

Die Reisigen haben sich die Atzung redlich verdient

Mercenaries at their well-deserved meal

Les lansquenets ont bien mérité leur ration

I lanzichenecchi si sono ben meritati il ristoro

Essig, Weinbeeren, Mandeln, Reis, Rosinen, Feigen, Käse, Honig, Gewürze: Safran, Pfeffer, Ingwer, Zimt, Nelken, Muskatblüt und Zucker. Da die Beamten einen solchen Spitzenbedarf im eigenen Land nicht decken konnten, wurden die Grenzmärkte und die Einfuhr bemüht. Unzählige Stück Vieh waren auf den Viehtriebwegen von Osteuropa her sowieso ständig nach dem Westen unterwegs; denn die Einfuhr rentierte sich, da sich das Vieh auf den langen Märschen „selbst transportierte". Europa befand sich in einer unvergleichlichen „Freßwelle", die besonders den Fleischverbrauch in die Höhe trieb.

Aber trinken wollten die Gäste nicht weniger. Und so stehen an süßen Weinen in der Rechnung: Malvasier und Rumainer, Muskateller, Veroneser, Hefewein und Met, an Speisewein zusätzlich über 5 616 Eimer, macht um die 337 000 Maß! Dieser Speisewein war der sogenannte Bayerwein, der sowohl um Landshut herum als auch an den Isar- und Donauhängen gedieh. Der Wein rangierte damals in der Verbrauchergunst absolut vor dem Bier, das in dieser Zeit erst allmählich wieder im Kommen war. Es war ja auch die Zeit der ersten strengen Braugesetze, wie jenes Reinheitsgebot zeigt, das Herzog Georg im Jahr 1493 für das Teilherzogtum Bayern-Landshut erließ. Die ganze Ausgaben-Rechnung dieser Hochzeit schließt mit einer Summe von 60 766 rheinischen Gulden, die heute einer Kaufkraft von vielen Millionen Mark entsprächen.

Die Organisation des Festes bedeutete für den Beamtenapparat eine kaum vorstellbare Aufgabe, wenn man bedenkt, daß selbst der letzte herzogliche Bauer seinen Beitrag zu leisten hatte, und zwar marktüblich bezahlt, und daß die Beamten im Frühjahr noch damit beschäftigt waren, die unrechtmäßig eingehobene Heiratssteuer für die Herzogstochter Margarete wieder an die Bischöfe zurückzuzahlen. „Wie die Wölfe" hatten sich die herzoglichen Schergen auf die Untertanen der Prälaten gestürzt, berichtet der Kaplan Veit Arnpeck wohl mit einiger Übertreibung voll heiligem Zorn. Aber tatsächlich mußte der Herzog die Summe wieder herausgeben. Kein Wunder, daß einer der

114

Der Zauberer läßt alle Müdigkeit vergessen

A conjurer makes the guests forget a long day's strain

Le magicien fait oublier tout signe de fatigue

Il prestigiatore ci fa dimenticare ogni stanchezza

Hochzeitsjugend vergnügt sich im Lager

Youngsters enjoy the activities of gay camp-life

La jeunesse se divertit au bivouac

La gioventù al seguito si diverte nell'accampamento

Beamten, der Kastner von Dingolfing, Pankraz Hoholtinger, in den letzten Tagen der Hochzeit noch die Nerven verlor. Daß der Edelmann gerade in dem Garten an einem Weichselbaum hängend gefunden wurde, an dem vorbei die Braut in die Stadt gezogen war, mochte man nicht als gutes Omen werten. Ganz anderen Verdruß gab es bei den Knechten des Markgrafen, weil sie nur zweimal Fleisch und Zugemüse bekamen und „nur selten ein Gebratenes". Sie gaben ihren „Gewaltigen" und dem Küchenmeister die Schuld; denn diese „mochten es nicht sehen, daß sie besser sollten leben dann daheim".

Wie es beim „hohen Mahl" gehalten wurde

Beim Hochzeitsmahl kamen 32 verschiedene Speisen auf den Tisch: Eierspeisen, Geflügel von Vögeln bis Huhn, Gesottenes und Gebratenes, Wild, Fisch und Krebse, verschiedenes Gemüse, Pasteten, gefüllte Oblaten, Kuchen und anderes Backwerk. Dazwischen wurde „Konfekt und Tryett" als Abführmittel aus Apotheken gereicht. Eine besondere Überraschung ließen sich die Köche des Kaisers einfallen. Sie stellten eine Wiege aus Lebkuchen auf den Tisch des Bräutigams. Und an den Tisch, an dem sich Kaiser und Bräutigam gegenübersaßen, trugen Pfalzgraf Philipp und Markgraf Friedrich das erste Essen, „darin Knaben, die sungen, saßen".

Solche kulinarischen Späße waren verbreitete Mode. Bei der Amberger Hochzeit hat der Koch des Kurfürsten Friedrich von der Pfalz ein „köstliches Essen" gerichtet. „Das trugen vier Ritter, war eine Burg, und halbiert; und in jedem Teil saß ein Knab, einer sang, der andere schlug die Laute, verborgen. Auf dem Tisch lief ein lebendiger Has und flogen Vögel heraus." Der burgundische Hof war schon lange vordem für solche Riesenbankette berühmt. Einmal fuhr man dort eine Pastete in den Saal in der Form eines Fisches, aus dessen Bauch ein Konzert ertönte, und aus dessen Maul ein Riese und eine Zwergin purzelten.

118

Der Vorstand der „Förderer" übt mit der Klein-Armbrust

The "Förderer" association's chairman tries his hand at a small cross-bow

Le président du comité d'organisation s'entraîne à l'arbalète miniature

La direzione dei Förderer si esercita nell'uso della piccola balestra

Dudelsackpfeifer finden spielend Kontakt

Bagpipers are easy mixers and find company everywhere

Grâce à leur musique, des joueurs de cornemuse établissent un lien étroit avec les spectateurs

I suonatori di zampogna trovano immediato contatto col pubblico

Auch im Zigeunerlager klingt der Tag in Harmonie aus

In the camp of the wayfarers and beggars, too, the day comes to a harmonious close

Dans le campement des bohémiens également, la journée tire à sa fin

Anche nell'accampamento degli zingari il giorno si chiude in armonia

Man nahm sich damals auch noch Zeit zum Essen. Einem Fürsten warteten Essentrager und Vorschneider sowie Weintrager und Weinschenken auf. Die Braut saß beim Hochzeitsmahl in ihrer Herberge in Peter Oberndorfers Haus (heute Sparkasse) an einem Tisch zusammen mit Markgraf Albrechts Gemahlin und deren Schwester, der künftigen Schwiegermutter, sowie der „alten Frau von Sachsen". Und ihnen dienten die Grafen Ludwig von Öttingen, Philipp von Kirchberg und Sebastian von Ortenburg. Die Essen wurden in einer Zeremonie aufgetragen, wobei Standesherren den Essenträgern vorausgingen, wie beim Tanz. In der Herberge der Königin stand eine „köstliche Kredenz", aus der die Herrschaften bis in die nächsten Häuser mit Trinkgeschirr versehen wurden. Man hatte von der Herberge der Königin eine Türe in das Nachbarhaus gebrochen, wo die weiblichen Gäste „nach ihren Würden" zu Tische saßen.

Die Herren nahmen das Hochzeitsmahl im herzoglichen Zollhaus, auf der anderen Straßenseite, ein. Als Speisesaal diente besonders die Hofgerichtsstube, die ganz mit goldenen Tüchern ausgeziert und mit einer „köstlichen Kredenz mit Silbergeschirr" versehen war. Hier speiste der Kaiser und der Bräutigam.

An weiteren Tischen saßen der junge Herzog Maximilian von Österreich zusammen mit dem Gesandten des Böhmenkönigs, Burian von Guttenstein, und den beiden polnischen Woiwoden; an weiteren saßen weltliche Fürsten zusammen mit den Bischöfen. Am Tisch des Kaisers und des Bräutigams diente neben anderen Fürsten auch der ofterwähnte „Bruder des türkischen Kaisers".

Die Trennung der Geschlechter, die hier sogar eine Trennung des Brautpaares an der Hochzeitstafel mit sich brachte, scheint auch anderswo üblich gewesen zu sein; denn auch in Amberg saßen die Frauen an eigenen „Frauen-Tischen", jedenfalls nicht, gutbürgerlicher Vorstellung entsprechend, bei ihren Männern. Eine zusätzliche Trennung mag in Landshut die große Zahl der Gäste und vor allem die kaiserliche Majestät bewirkt haben, die immer besondere Aufmerksamkeit und Rücksichtnahme verlangte.

119

Fahrendes Volk, ein wenig abseits

Am Rande des Lagers begegnet man den Fahrensleuten wieder, die hinter dem Festzug hergetollt waren. Jetzt sitzen sie um ein Feuer herum, um ein wenig Eßbares aufzuwärmen; andere hocken im Stroh bei ihrem Karren und allerhand Getier. Man fiedelt, pfeift und singt. Wer sind diese Leute eigentlich? Sollte es möglich sein, daß sie zu Zeiten der „reichen Herzöge", in einem gesetzesstrengen Staat, bis in das Lager einer Hochzeitsgesellschaft eindringen konnten? Drückten die Stadtknechte auf höhere Weisung beide Augen zu, oder haben jene recht, die behaupten, „solche Leute" hätten sich kaum im Weichbild einer Stadt sehen lassen dürfen, ohne Kopf, Aug und Ohren zu riskieren?

So streng wäre es wohl nicht zugegangen, meinen andere, sonst hätte man doch nicht dem Markgrafenschreiber am hellen Tag den Zaum vom Pferd gestohlen, und es hätte nicht ein Bettler am Straßenrand stehen können, als sich der Hochzeitszug zur Kirche bewegte. Aber war das wirklich ein Bettler, der dem Hanns Wernher von Zimmern einen Hafen voll Suppe über das Festgewand schüttete, als er verspätet aus dem Haus rannte, um seine Dame zur Kirche zu geleiten? Wir werden es nicht mehr ergründen. Irgendwie waren sie alle Fahrende, die monatelang auf den Straßen übernachteten, ob Kaiser und Könige, fahrende Kleriker, Spielleute und Gaukler, Dichter und Sänger oder Handwerksburschen. Einen „Abenteurer" nannte man damals einen ehrenwerten Mann, der nichts tat, als seinem Herzog Samt und Seide für die Hochzeit aus Venedig zu besorgen, einen Fernhändler also, wie Walther vom Feld aus Herzogenbusch in Holland. Als Hoflieferant und Bankier der reichen Herzöge gehört er zu den bürgerlichen Trägern der spätgotischen Wirtschafts- und Kulturblüte Landshuts und Bayerns, nicht zu der Bohème, die dem Kunstmaler Franz Högner 1934 bei der Gestaltung dieser Gruppe – vielleicht als Gegenbild der „feudalen" Schau – vorschweben mochte.

ZWISCHENSPIEL

Musik um 1475

An den Wochenenden der Landshuter Hochzeit erklingt in der Residenz ein Konzert der „Landshuter Hofmusik". Dieses Ensemble bringt zeitgenössische Musik zu Gehör, aus dem Bereich der Kirche, des Hofes und des Volkes, Instrumentalstücke, Gesänge und Tanzweisen. Die historischen, nachgebauten Instrumente erinnern den Musikkenner daran, daß hier Pionierarbeit vorgeführt wird. Violinen, Gamben, Krummhörner, Pommern, Businen, Drehleier, Portativ-Orgel sind Instrumente, die man vor ein paar Jahrzehnten nicht in Konzertsälen gehört hat, die kaum in Museen zu finden waren. Die Musikepochen des Barock und der Klassik waren es vor allem, die diese Instrumente umgestaltet oder ganz verdrängt haben; und mit ihnen geriet auch die Musikliteratur in Vergessenheit. Es kostete ein paar Landshuter Musikliebhabern Jahrzehnte mühevoller Forschungs- und Probenarbeit, bis man diese Musik wieder erklingen lassen konnte.

Ein Zink, das einstmals sehr verbreitete Holzblasinstrument, erklang 1953 zum erstenmal bei der Hochzeit. Eine Musikpädagogin führte 1965 historische Musik im Italienischen Saal der Residenz auf, wobei Fiedeln, Lauten, Krummhörner, Gemshörner, Blockflöten und Schlagwerk zu hören waren, mit Unterstützung auswärtiger Gäste auch Dulcian, Pommer und Serpent. Ein Teil dieses Ensembles beteiligte sich auch am Hochzeitszug, hatte es aber gegen die herkömmlichen Musikkapellen zu schwer. Seit 1959 gab es Chormusik der Gotik und Frührenaissance, dargebracht vom Landshuter Chorkreis unter Leitung des Musikpädagogen Hans Walch, der bald die gesamte historische Musik betreute, für Sänger- und Instrumentalisten-Nachwuchs sorgte und die „Landshuter Hofmusik" ins Leben rief. Mit ihr wurden die historischen Konzerte

auch über Landshut hinaus verbreitet. Die „Landshuter Hochzeit" hat dieser Musik Unterstützung und Antrieb, ja zuerst überhaupt eine Heimstatt gegeben, und sie hat dadurch führend zur Wiedererweckung der gotischen Musikkultur beigetragen.

Heute ruht fast die gesamte Musik der Landshuter Hochzeit auf (nachgebauten) historischen Instrumenten und entsprechender Literatur, sogar beim Festzug, wo die Möglichkeit ihres Einsatzes wegen der vermeintlich schwachen „Durchschlagskraft" lange bezweifelt wurde. Aber es muß ja auch in der alten Zeit die Instrumente gegeben haben, die sich Gehör verschafften, berichtet doch Hanns Seybolt: „Item der Königin bliesen und pfiffen aus ihrer Herberge in die Kirche, und von der Kirche wieder in die Herberge vor bei hundert Trummeter und Pfeifer; das gab in der Kirche ein solches Getön, daß einer nicht wohl sein eigen Wort hören mocht." Und man hat die richtigen Blasinstrumente gefunden, sogar die Musik dazu, und viele junge Leute reißen sich darum, sie spielen zu lernen. So gibt es heute 15 Instrumental-, Gesangs- und Tanzgruppen, die ihre charakteristischen, meist rhythmisch betonten Stücke spielen und ihre Klangfarbe in ein bislang unerhörtes Klangbild mischen. Dennoch gäbe man viel dafür, auch nur ein wenig in die Musik der damaligen Zeit hineinhören zu können. Sie kamen ja aus allen Himmelsrichtungen zusammen. Was mögen sie für ein gemeinsames Repertoire gehabt haben, und wieviele neue Melodien haben sie sich abgelauscht? Soll das „Getön" gar Wohllaut und Würde in Frage stellen? Bei Massenauftritten wäre es schon denkbar. Um so kultivierter und makelloser klangen im intimen Kreis die königlichen Ensembles und die Sängerschar des Erzbischofs mit ihren liturgischen Gesängen.

Die „Landshuter Hofmusik" hat die gotische Musik zum Klingen gebracht

In this city "The Landshut Court Musicians" have revived pieces of music from medieval days

«L'ensemble de la musique de cour de Landshut» a fait revivre la musique gothique

La musica aulica di Landshut ha dato nuovo impulso alla musica gotica

Nächtlicher Mummenschanz

Aus der Spiel- und Tanzfreude mehrerer Musikgruppen ging der „nächtliche Mummenschanz" hervor, der 1993 zum erstenmal im Hof der Residenz auf die Bühne gezaubert wurde. Kaum eine Veranstaltung im Rahmen der Landshuter Hochzeit hat bisher die spontane Kreativität, die sie zu wecken vermag, so vital sichtbar gemacht wie dieses aus der Eigeninitiative von Musikanten, Sängern und Tänzern hervorgegangene Spektakulum. Nicht mehr nur Alleinunterhalter wollten sie sein, sondern sich zu einem gemeinsamen Werk vereinigen, das alle Elemente ihres Könnens zur Entfaltung kommen ließ. Und so eröffnet der Spielmann in fröhlicher Runde ein lockeres Gassenkonzert mit seiner Drehleier. Junge Leute haken sich unter zum Tanz, bis einem Bürgermädchen eine Rose vor die Füße fällt, die ihr ein Edelmann aus dem Fenster zugeworfen hat. Er mischt sich selbst in die fröhliche Gesellschaft und läßt stolz seine „höfischen" Musikanten für die Angebetete aufspielen, so daß sich der Zuschauer unversehens in einem Musikantenwettstreit findet, während dem der Edelmann bedenklich seine Contenance verliert. „All's voll, all's voll" kommentiert der Sänger seinen Zustand. Da bricht aus dem Hintergrund eine Schar vermummter Gestalten hervor, die sich hinter furchterregenden Masken verbergen und mit gellendem Lärm das höfische Spiel vertreiben. Triumphierend setzen sie sich an seine Stelle, und es endet im Fastnachtsspuk. Die Geschichte, die Lieder und Tänze des 14. bis 16. Jahrhunderts vereint und gegenübergestellt, bringt Spannung in die Abfolge der zwischen derb und besinnlich wechselnden Stücke und fordert vielseitige Talente heraus. Wenn auch nicht als Teil der Hochzeit von 1475 verbürgt, überbringt der „Mummenschanz" doch Lebensgefühl der gotischen Zeit. Er ist aus der Hochzeit unserer Tage erwachsen und verläugnet sie nicht, auch wenn er unter den Arkaden des „ersten Renaissance-Palasts nördlich der Alpen" spielt.

Im „Mummenschanz" singen der derbe
Spielmann . . .
und die feingestimmte Hofkapelle . . .
vergeblich gegen Geister und Dämonen

In the "mummery" feature a stout
minstrel's gross songs . . .
and the refined strains of the court band . . .
in vain try to ban demons and ghosts

Lors de «la Mascarade», le musicien gri-
vois . . .
ainsi que l'élégant orchestre de la cour chan-
tent . . .
en vain contre les esprits et les démons

Nella mascherata notturna canta il rozzo
giullare . . .
suona la raffinata musica di corte . . .
invano contro spiriti e demoni

TANZSPIEL UND BEILAGER

Das Hochzeitsfest versammelte die illustren Gäste abends auf dem Rathaus zum Tanz. Bei uns sind an den meisten Aufführungstagen Festspiel und Tanzspiel gekoppelt, und somit sind Einführung und Vollendung des Festes miteinander vereint. Es war ein großer Schritt, als man im Jahr 1924 ein Tanzspiel in die Landshuter Hochzeit einführte, und es war ein Wagnis bezüglich Organisation, Musik, Instrumentation, Choreographie. Erst 1975 ist es durch die Mitwirkung der „Landshuter Hofmusik" ermöglicht worden, historische Rhythmen auf nachgebauten historischen Instrumenten zur Grundlage des Tanzspiels zu machen und durch intensive Studien eines Tanzmeister-Ehepaares auch die Tänze selbst aus den Notenbüchern berühmter Zeitgenossen von ganz Europa zu rekonstruieren.

Das Tanzspiel wird umrahmt einerseits von einer Fürstengruppe um Kaiser, Brautpaar und Herzogspaar, andererseits durch eine Schar von Fürsten und Edelleuten, die sich während des Spiels im Hintergrund ergehen. Als die Musik ertönt, ziehen zuerst Pagen in den Saal, um einen stilvollen Schreittanz vorzuführen; dann aber lösen sich, wie von Fiedeln, Flöten, Leier und Trommel gelockt, einzelne Paare und Gruppen aus der Kulisse und beginnen ihren Tanz. Der freundliche Applaus des Kaisers ermuntert sie, und das Spiel steigert sich und schwelgt in immer überraschenderen Melodien, Rhythmen und Figuren. Vertrautes wechselt mit Exotischem, lautes Aufbegehren mit leiser Versunkenheit. Die mühevolle Arbeit der Laien bei Musik und Tanz spürt man nicht, wenn der Reigen der Junker und Edelfräulein nach einem Lied des Neidhart von Reuenthal einsetzt oder der Tanz des Kaisers und des Bräutigams mit der Braut nach Melodien aus der Handschrift der Marie de Bourgogne. Die Polen tanzen einen Chodzony ihrer Heimat, die Fürsten nach französischen und italienischen Vorbildern. Einen zauberhaften Wirbel vollführen die Morisken. Ihr Name erinnert an die in Nordafrika und Spanien beheima-

Pagen in Formation – endlich der erste Auftritt

At last: A cadre of page-boys make their appearance on the stage

Le groupe des pages a pris position: leur première représentation est enfin arrivée!

Paggi in formazione entrano finalmente in scena

130

teten Mauren; ihre bizarren Tänze und grotesken Kostüme hat uns der Bildschnitzer Erasmus Grasser überliefert. Sie wetteifern um einen Goldreif, den eine Maid dem besten Tänzer bietet. Die Schellentrommel feuert sie an. Ein Schwertertanz und der Auftritt des „berittenen" Leikunigs, eines sagenumwobenen Fürsten aus der Heimat der Braut, dienen zur Kurzweil der Gäste. Wenn der Kaiser die Braut zum Tanz führt und sie dem Bräutigam zu einem taktvoll-verständnisinnigen Tänzchen übergibt, erreicht das Fest seinen Höhepunkt.

Der Brauttanz

So wie man tagsüber zur Kurzweil in der Altstadt turnierte, traf man sich am Abend im großen Saal des Rathauses zum Tanz. Hinter wohlverriegelten und bewachten Türen, in einem mit rotem Samt ausgeschlagenen Saal, den man eigens vergrößert und mit zwei Treppen versehen hatte, tanzten sie die Nacht hindurch beim Fackelschein. Es spielten dazu die berühmtesten Virtuosen der damaligen Zeit, die der Bayernherzog erreichen konnte: die Musiker des Königs von Polen, der Könige von Dänemark und von Ungarn, des Markgrafen Albrecht, des Bischofs von Trier und des Kaisers. Sie spielten die Musik der europäischen Fürstenhöfe. Der Kaiser zeigte sich vergnügt. Hatte er zu seinem Hochzeitslader noch gesagt, zum Tanzen sei er schon ein zu alter Gesell, und er könne es nicht lernen, soviel er auch übt, so führte er jetzt die Braut zum ersten Tanz. „Item der Kaiser hatte an die Schaube, die er des Tags hatte angehabt, und ein kostbares Kreuz hatte er an dem Hals hängen mit kostbarem edlen Gestein, und hatte auch ein schwarzes Hütlein auf, daran ein kostbares Häftlein. Und er tanzte den ersten Reigen mit der Königin, und ihm tanzten vor Herzog Sigmund, der Pfalzgraf, des Kaisers Sohn mit dem jungen Markgraf, Herzog Christoffel und der von Württemberg." Und die Königin trug „einen grünen, damastenen Rock, weit gemacht nach ihren Landessitten, und vorn zu den Ärmeln gingen heraus große weite Ärmel, das war ein goldenes Stück;

132

Schwiegermutter und Markgräfin nehmen die Braut in die Mitte

Her mother-in-law and the markgravine take the bride by the hand

La fiancée entre sa belle-mère et la margrave

La suocera e la margravia si mettono a fianco della sposa

und hatte ein hohes, enges Goller, das war mit schönen Perlen bestickt. Sie hatte auf dem Haupt eine Krone von Häftlein und wieder eine perlene Borte auf dem Haar, und war ihr wieder nur ein Zopf geflochten".

Dem Kaiser und der Braut tanzten also sechs Fürsten voraus, während bei den Fürsten nur vier Edelleute vorgesehen wurden, manchmal auch nur zwei. Die Rangordnung war allgegenwärtig. Am übernächsten Abend tanzte die Braut mit jedem Fürsten einen Tanz, „und die Fürsten gingen zu der linken Seite", mit Ausnahme des Kaisers und des Bräutigams. Das wollte sich auch der junge Württemberger herausnehmen, aber man untersagte es ihm: „Ob er nicht gesehen hätte, wie die anderen Fürsten mit der Königin getanzt hätten; denn die anderen Fürsten gingen alle an der Seite, daran die Frauen (normalerweise) gehen", nämlich links. Der „Königin" gebührte die rechte Seite aus Ehrerbietung. Zu vorgerückter Stunde hatte der Kaiser einen launigen Einfall. Er gebot durch den Markgrafen eine Stille; denn es sollten nur die Frauen tanzen, und nur solche von Adel. Er stand mit anderen Fürsten hinter der Schranke und schaute zu, wie die Frauen, voran die Braut und die Markgräfin, je zu zweit vorübertanzten, „und sie schätzten die Frauen und Jungfrauen". Und der Markgraf „behielt den Preis mit seinen Frauen und Jungfrauen"; denn obwohl man auch andere Frauen und Jungfrauen sah, „die genau so schön und hübsch und wohlgeschmückt waren", hatte doch der Markgraf die Menge, etliche mehr als hundert.

Brautnacht und Geschenke „in Liebe und Freundschaft"

Ein langer, schwerer Tag ging für die Braut zu Ende: Aufbruch am frühen Morgen in Moosburg, Begrüßung vor der Stadt, Trauung in St. Martin, Brauttanz am Abend. Die Hochzeitsnacht brach an. Vom Tanzsaal aus führte eine Türe in das Haus, „darin man sie zusammenlegte". Der Bräutigam verabschiedete sich als erster, um in Begleitung

Der Kaiser mit der Braut: doch kein „zu alter Gesell"

The emperor leads the bride – though advanced in years, still a gay blade

L'empereur et la fiancée: un partenaire «pas si défraîchi que ça»

L'imperatore colla sposa: «sembra veramente ringiovanito»

einiger junger Fürsten das Brautgemach aufzusuchen; nach etlichen Tänzen folgte ihm auch die Braut, geführt vom Kaiser und von anderen Fürsten und Fürstinnen. Schließlich ließ sich auch der gichtgeplagte Vater, der dem Tanz von der Empore aus zugesehen hatte, ins Brautgemach führen. Hier legte man sie in einem mit goldenen Tüchern behangenen Bett zum „ehelichen Beilager" zusammen. Die Fürsten bezeugten nach altem Rechtsbrauch, daß sie „die Decke beschlagen hat".

Am Morgen, als Braut und Bräutigam aufgestanden waren, versammelten sich die Gäste zur Schenkungszeremonie. Zuerst schenkte der Bräutigam; das tat für ihn der Markgraf. Er schenkte der Königin ein Schächtlein, darin ein kostbares Halsband, und dazu zehntausend ungarische Gulden. Und der Markgraf redete „gar viel schöne Rede" im Namen des Bräutigams, daß sie die Gabe nicht als Morgengabe aufnehmen solle, sondern als Zeichen der Liebe und Freundschaft, da er sie lieb und wert haben wolle als seinen lieben Gemahl. Da stand der polnische Herr dabei, „der da deutsch konnte", der sagte es der Königin in ihrer Sprache.

Und sie ließ ihm wieder sagen, sie nähme die Gabe in großer Liebe und Freundschaft auf und wollte auch tun, was ihm lieb wäre. Er sollte ihr sein der Allerliebste in ihrem Herzen. Was er Mißfallens an ihr fände, das sollte er ihr zu verstehen geben, dann wollte sie es gerne lassen, „da es ihr Herr der Vater und auch ihre Mutter ernstlich befohlen und auch geboten hätten". Nur selten lassen uns Worte so tief in das Denken und Fühlen dieser Menschen Einblick nehmen. Auf „Liebe und Freundschaft" sollte diese Ehe gegründet werden, und die Gehorsamspflicht gegenüber Eltern und Ehegatten wird die Frau begleiten, ohne Rücksicht auf Stand und materielle Unabhängigkeit. Wie ernst können solche Worte gemeint sein? War alles Etikette, hübsch tradiert aus Minnesangs Zeiten, oder kann man trotz Staatsraison gar von Liebesheirat sprechen? Jedenfalls sollte man sich nicht von den Geschichtsschreibern beirren lassen, die in späterer Zeit den letzten „reichen Herzog" nur im Spiegel des Erbfolgekrieges und aus dem

136

Zur Kurzweil ein Schwertertanz

A sword-dance is shown for the guests' amusement

Une danse du sabre comme intermède

Come passatempo: una danza delle spade

Nun sind die Polen dran: sie tanzen einen
Chodzony

Now it's the Poles' turn: They perform the
"chodzony" of their homeland

A présent, c'est au tour des Polonais: ils
dansent une Chodzony

E' la volta dei polacchi: danzano un
Chodzony

Jetzt wirbelt der „Leikunig" über die Bühne,
ein Tatarenfürst aus Krakaus Vorzeit

In a bold sweep "Leikunig", a legendary
figure from Cracow's past, whirles around
the scene

Maintenant, c'est le «Leikunig», un prince
tartare de l'histoire de Cracovie, qui tourbil-
lonne sur la scène

Ora sul palcoscenico gira vertiginosamente
il Leikunig che rappresenta un principe tar-
taro della preistoria di Cracovia

Blickwinkel des Münchner Zentralitätsanspruches sehen konnten und wenig Gutes an ihm ließen.

Nach dem Bräutigam schenkten die Fürsten und auch die Städtevertreter, „ohne allein der Kaiser". Erst auf die Ermahnung des Markgrafen, es könne ihm große Nachrede entstehen, wenn er nichts schenke, schickte der Kaiser durch seinen Grafen Haug von Werdenberg ein Häftlein, eine Brosche, die er selbst auf tausend Gulden schätzte, die anderen Herren aber nur auf fünf- oder sechshundert. Viele Pretiosen mehrten auf diese Weise den Schatz der reichen Herzöge in Burghausen. Aber andererseits kehrten auch die Gäste, voran die Polen, reich beschenkt in die Heimat zurück. Vergoldete Schüsseln, Krüge, Becher, Häftlein, Kränzlein und Kleinodien wechselten ihre Besitzer, auch Pferde und Rennzeug. Der alte Herzog griff sogar in sein privates Schatztrühlein, um etliche Ringe hervorzuholen und seinen Gästen zum Geschenk zu machen.

Bewunderungswürdig ist der Reporter, der „Markgrafenschreiber", der durch die Gnade seines Herrn immer nahe genug am Geschehen war, daß er sogar das Allzumenschliche mitbekam. Kein Wunder, daß er am Ende des Berichts beteuert, wie schwer es ihm gefallen sei, etliche Dinge zu erfahren, und daß er alles nicht geachtet habe, um Seiner Fürstlichen Gnaden die Wahrheit zu berichten. Welcher Fürstlichen Gnaden, da diese doch selbst am Ort der Handlung weilte? Es kann kaum ein Zweifel sein, daß der Schreiber zwar im Gefolge des Markgrafen stand, aber für einen anderen schrieb. Dieser kann nur ein Herzog von Sachsen gewesen sein, der nicht mitgekommen war, in dessen Archiv aber der Bericht noch heute zu finden ist, in Weimar.

Der andere Berichterstatter war der „Klosterschreiber von Seligenthal", Hanns Seybolt, der aus Höchstädt an der Donau stammte und sich offenbar als Berufschronist betätigte, da er nach der Landshuter Hochzeit auch die Hochzeit in Budapest besuchte und seine Berichte im Jahr 1482 vollendete. Beide sind geschrieben auf Bestellung eines

Das Brautpaar ist beim Tanz zum ersten Mal vereint

The bridal pair dancing – united for the first time

C'est la danse qui, pour la première fois, a réuni le jeune couple

Durante il ballo si ritrovano per la prima volta riuniti sposo e sposa

Edelmannes namens Thoman Jud, der auf der Burg Bruckberg über dem Isartal bei Landshut zuhause und bei der Hochzeit zu Diensten war. Lassen wir den Dank des Verfassers an den hochherzigen Mäzen wörtlich abstatten, da wir ihm nicht minder zu Dank verpflichtet sind: „Gott der Allmächtige dem vermeldten Thoman Juden sein Langleben und Gesundheit langwierig friste und ihn, auch seine Hausfrau und Kinder löblich begnade und ihm . . . nach diesem Leben das ewig Leben, auch Ruhe und ewiges Licht erscheinen fröhlich lasse."

Diesen beiden Augenzeugen verdanken wir unsere wesentlichen Kenntnisse. Der erste, Hanns Oring hieß er wohl, hat als echter Reporter nur rasch skizziert, was er sah und hörte, während der andere ein paar Jahre später aus der Erinnerung schrieb und zusätzlich amtliches Quellenmaterial verwendete. Im Kontext seiner Chronik der Bayern hat der Kleriker und Geschichtsschreiber Veit Arnpeck einige Episoden der Hochzeit berichtet. So ist uns gleichsam ein dreidimensionales Bild dieses aufsehenerregenden Ereignisses überliefert. Und auf dieses Bild stützten sich die Historienmaler vor hundert Jahren. Es war eine Malergeneration, die von München aus die mittelalterliche deutsche Geschichte bildhaft ins Bewußtsein hob: August Spieß, Rudolf Seitz, der Professor Ludwig Löfftz und Konrad Weigand. Im neugotischen Landshuter Rathausprunksaal des Architekten Hauberrisser vereinten sie ihr Können zu einem Gesamtwerk, vereinzelt bis ins Detail getreu.

Da sitzt nun die Braut in ihrem goldenen Wagen und schaut von der Wand herab den Spielern und Tänzern zu. Sie trägt ein Tüchlein unter der Krone, und „es ist ihr wieder nur ein Zopf geflochten". Bisweilen, sagt man, rührt sie sich fast unmerklich, wie ein wundertätiges Bild. Dann lächelt sie beifällig, oder sie will nur die Nase rümpfen . . .

Das Brautpaar als Stifter der Äußeren Burgkapelle zu Burghausen (1479/89)

The Wedding's bride and groom shown as the founders of the castle's chapel at Burghausen (1479/89)

Les jeunes mariés, fondateurs de la chapelle extérieure du château fort de Burghausen (1479/89)

Gli sposi promotori della cappella esterna del castello di Burghausen (1479/89)

Das Spiel ist aus: Die „Hochzeiter" sind zum Dankgebet versammelt

The play is over: The festival's performers gather devoutly to say thanks

La fête est finie: les participants sont réunis pour une prière d'action de grâce

La festa è finita: i partecipanti si radunano per la messa finale di ringraziamento

DANKGOTTESDIENST IN ST. MARTIN

Die bürgerliche Pfarrkirche St. Martin zeigte im November 1475 ihr aristokratisches Gesicht. Als der Kaiser mit seinen geistlichen und weltlichen Fürsten um den steingehauenen Hochaltar stand, die Trompeten schmetterten und die königliche Braut aus Polen durch das Spalier des christlichen Adels einzog, da erstrahlte sie wahrhaftig im Glanz des Heiligen Römischen Reiches deutscher Nation. Doch die künftigen Gegner und Erben des niederbayerischen Staates standen auch schon unter diesem Dach.

Da Georg der Reiche und seine Gemahlin keine männlichen Erben hinterließen, vermählte der Herzog seine Tochter Elisabeth mit einem Pfalzgrafen bei Rhein und adoptierte ihn, um den drohenden Erbfolgestreit zu verhindern.

Aber die Allianz der Münchner Verwandten mit dem aufstrebenden Nachbarn Habsburg war tödlich, und die Katastrophe nicht nur eine dynastisch-familiäre. Der Untergang des Landshuter Herzogshauses im Jahr 1504 fällt mit dem Ende der alten Zeit, des Mittelalters, zusammen. Und die neue Zeit, in der sich das Weltbild über den Erdball erweiterte und das Menschenbild an antiken und christlichen Maßstäben neu orientierte, zeigte schon allenthalben ihre jungen Kräfte.

An den Lauf der Welt zu denken und sich selbst ein wenig als Statisten und Akteure des großen Welttheaters zu empfinden, liegt den Landshuter Hochzeitern am Herzen, wenn sie sich nach dem Fest im vertrauten Hochzeitsgewand in St. Martin versammeln. Aber eigentlich tun sie es, um Einkehr zu halten und mit Pauken und Trompeten dem Herrgott Dank abzustatten, daß er sie – um nochmals den Kaplan Veit Arnpeck zu beschwören – das Fest „mit großer Freud verbringen" ließ.

ZEITTAFEL

Vor 1389		Baubeginn von St. Martin
1393–1450		Herzog Heinrich „der Reiche" von Bayern-Landshut
1408/10		Bürgerunruhen in Landshut
1432		Baumeister Hans von Burghausen gestorben; sein Neffe Hans Stethaimer wird Nachfolger
1435		Agnes Bernauer wird in Straubing, einer Residenz der Münchner Herzöge, hingerichtet
1440		Regierungsantritt Kaiser Friedrichs III.
1444		Grundsteinlegung des Turmes von St. Martin
1445		Regierungsantritt König Kasimirs IV. von Polen; vermählt mit Elisabeth, Herzogstochter von Österreich
1450		Regierungsantritt Herzog Ludwigs des Reichen
1452		Vermählung Herzog Ludwigs mit Amalie, Kurfürstentochter von Sachsen
1453		Konstantinopel wird durch die Türken erobert
1455	Aug. 15	Der Bräutigam Herzog Georg geboren
1457	Sept. 21	Die Braut Hedwig geboren
1462		Herzog Ludwig siegt über Markgraf Albrecht Achilles
1471		Regierungsantritt König Ladislaus' II. von Böhmen, des Bruders der Braut
1472		Herzog Ludwig gründet die Universität Ingolstadt (ab 1800 Landshut, ab 1826 München)
1474		Margarethe, Schwester des Bräutigams, in Amberg mit Pfalzgraf Philipp vermählt
1474	März	Erste bayerische Gesandtschaft unter Propst Dr. Friedrich Mauerkircher von Altötting nach Polen
	Sept.	Zweite Gesandtschaft des Genannten und des Bischofs von Regensburg
	Dez. 31	Besiegelung der Heiratsurkunde in Radom
1475	Okt. 23	Übergabe der Braut in Wittenberg an die Bayern
	Nov. 13,	Montag: Turnier Herzog Georgs
	Nov. 14,	Dienstag: Ankunft der Braut in Landshut, Trauung in St. Martin, Brauttanz und Beilager

146

1475	Nov. 15,	Mittwoch:	Übergabe der Brautgeschenke, Kirchenzug, Hochzeitsmahl, Turnier in der Altstadt, Tanz
1475	Nov. 16,	Donnertag:	Turnier in der Altstadt (Turnier Herzog Christophs von Bayern-München mit einem Polen), Tanz
	Nov. 17,	Freitag:	Aufbruch des Markgrafen Albrecht nach Ansbach; in seinem Gefolge der „Markgrafenschreiber", Chronist der Hochzeit
	Nov. 18,	Samstag:	Aufbruch des Kaisers nach Wien

1476, 1477, 1482 (?)	Angeblich drei Söhne geboren und früh gestorben
1478	Tochter Elisabeth geboren; 1499 mit Pfalzgraf Rupprecht vermählt; im Landshuter Erbfolgekrieg 1504 gestorben, ebenso der Gemahl
1479	Herzog Ludwig der Reiche gestorben; Regierungsantritt Herzog Georgs
1480	Tochter Margarethe geboren: 1494 ins Dominikanerkloster Altenhohenau am Inn; von dort im Krieg 1504 geflohen; ab 1509 Äbtissin des Benediktinerinnenklosters Neuburg a. d. Donau; gestorben ebenda 1531
1482	Hanns Seybolt, Klosterschreiber von Seligenthal, schreibt seinen Bericht über die Landshuter Hochzeit
1486	Regierungsantritt König Maximilians
1492	Entdeckung der Neuen Welt
1495	Der Landshuter Geschichtsschreiber Veit Arnpeck gestorben
1496	Testament Herzog Georgs zu Gunsten seiner Tochter Elisabeth
Um 1500	Der Martinsturm, wohl der höchste Ziegelturm der Welt, vollendet
1502	Herzogin Hedwig in Burghausen gestorben
1503	Herzog Georg in Ingolstadt gestorben
1504	Landshuter Erbfolgekrieg: Herzog Albrecht von Bayern-München mit König Maximilian gegen Pfalzgraf Rupprecht und Verbündete
1506	„Kölner Spruch" König Maximilians; Wiedervereinigung der Teilherzogtümer München und Landshut; die Kinder von Rupprecht und Elisabeth, Ottheinrich und Philipp, erhalten als Abfindung das neugeschaffene Fürstentum Pfalz-Neuburg; Ottheinrich starb als letzter Abkömmling der Landshuter Herzogsfamilie 1559 in Heidelberg als Kurfürst von der Pfalz.

In Short the Story of Then and Now

In those Days

The Landshut Royal Wedding of 1475 counted among the most splendid festivals of the Middle Ages, famous above all for the presence of over 10 000 guests lead by the emperor and for the dynastic ties this match established between Landshut and Poland. At that time Bavaria was divided into two states: Bavaria-Munich and Bavaria-Landshut, which may be compared to the present-day districts of Upper and Lower Bavaria.
A very old tradition connected Landshut with Eastern Europe. History named Henry, Ludwig, and George, the three Landshut dukes of the 15th century, "The Rich". Through their Austrian and Saxonian wives their house had come to be one of the mightiest of the period. The stronghold at Landshut constituted the centre of administration, whereas the castle at Burghausen was the seat of the ducal household and as such also Hedwig, the newly-wed duchess', residence after 1475. When Duke George died in 1503, only two daughters survived him. The quarrel about the heritage was followed by a sanguinary war of succession, which doomed Landshut's independence and brought the great history of this mighty dukedom to an end.

Now

"The Royal Wedding of Landshut" revives the days of the 1475 nuptials before the background of a medieval town.
The plays were initiated by an association which under the name of "The promoters" was registered in 1902. In 1903, on the occasion of a fair for Industry and Commerce, the reproduction of the bridal pageant moved through the town for the first time. Georg Tippel and Josef Linnbrunner, the instigators, modelled their enterprise after the murals in the stateroom of the townhall, dating from the time after 1880. Since then further features have been added. In 1905 Georg Schaumberg, a Munich playwright, wrote the festival play which in 1981 was replaced by a new one by Leopold Ahlsen that comes closer to the festival's historical background. In 1924 Hans Lehner, a Landshut composer, set the first court ball to music, which for the wedding's quincentenary was replaced by original music and dances from the Gothic period. In the meantime a joust has also been added in memory of the knightly games which took place at the wedding celebrations. The quincentenary of 1975 brought new ideas, impetus und verve to the festival, especially as regards the authenticity of costumes and events. Nevertheless, now as before, "The Royal Wedding of Landshut" has remained a popular public event for people from all walks of life, which during the weeks it lasts leads hundreds of thousands of guests from all over the world to this town.

Aperçu historique: le «Mariage Princier de Landshut» autrefois et aujourd'hui

En 1475

En réunissant les deux dynasties de Bavière et de Pologne, le «Mariage Princier de Landshut», auquel furent conviées plus de 10 000 personnes parmi lesquelles l'Empereur en personne, peut être considéré comme l'une des plus brillantes fêtes du Moyen-Age. En ce temps-là, la Bavière était divisée en deux états: l'état de Bavière-Munich et celui de Bavière-Landshut, ce qui correspond aux actuelles circonscriptions administratives de la Haute et Basse-Bavière. Une très ancienne tradition liait déjà Landshut à l'Europe de l'Est. Au 15ème siècle, la lignée des trois ducs, Henri, Louis et Georges, appelés «les Riches», était devenue l'une des plus puissantes de l'époque, grâce à leurs épouses d'origine autrichienne et saxonne. Alors que le château fort de Landshut était le siège du pouvoir, le château de Burghausen demeurait la résidence de la famille ducale; c'est donc là qu'habita également la duchesse Hedwige à partir de 1475. Le Duc Georges mourut en 1503, ne laissant que deux filles. Les querelles d'héritage déclanchèrent la guerre de la succession de Landshut qui mit fin à l'indépendance et à l'époque glorieuse du duché.

De nos jours

«Le Mariage Princier de Landshut» fait revivre les noces de 1475 dans l'arrière-fond des coulisses de la ville médiévale. Les «Förderer», une association fondée en 1902, sont à l'origine de cette fête. En 1903, servant de clôture à une exposition industrielle, le cortège nuptial défila pour la première fois à travers la ville. Les animateurs, Georg Tippel et Josef Linnbrunner, avaient pris modèle sur la fresque datant de 1880 qui orne la grande salle de l'hôtel de ville. A ce cortège vinrent peu à peu s'ajouter d'autres manifestations. En 1905, un écrivain munichois, Georg Schaumberg, composa la pièce historique; celle-ci fut remplacée en 1981 par une nouvelle pièce plus fidèle aux événements historiques, une oeuvre de Leopold Ahlsen. En 1924, Hans Lehner, un enfant du pays, composa la musique devant accompagner les premières danses historiques. Ces dernières furent à leur tour remplacées en 1975, à l'occasion du 500ème anniversaire de la cérémonie, par de la musique et des danses gothiques. Entre temps, on a pu également organiser un tournoi pour rappeler les combats des chevaliers d'alors. Le 500ème anniversaire de cette fête lui a donné un nouvel essor, surtout sur le plan de la fidélité historique. C'est ainsi que le «Mariage Princier de Landshut» est resté une fête populaire qui, lors des festivités attire à Landshut plusieurs centaines de milliers de spectateurs de tous les pays.

Breve panoramica storica: allora ed oggi

Allora

Le nozze principesche del 1475 erano annoverate tra le più sontuose feste del Medioevo, soprattutto per la presenza di oltre 10 000 ospiti, con l'imperatore in testa, e per i rapporti dinastici tra la Baviera e la Polonia. A quell'epoca la Baviera era divisa in due stati: Baviera-Monaco e Baviera-Landshut, confrontabili al giorno d'oggi con i distretti governativi dell'Alta e Bassa Baviera. Un'antica tradizione legava Landshut all' Europa orientale. I tre duchi di Landshut del XV secolo, Enrico, Lodovico e Giorgio, erano detti «i ricchi». Per via delle loro mogli provenienti dall'Austria e dalla Sassonia, appartenevano ad una delle più potenti dinastie dell'epoca. Il castello di Landshut era il centro di questo potere, mentre in quello di Burghausen si trovava la dimora della famiglia ducale, come pure, dopo il 1475, quella di Jadwiga, la giovane sposa del duca. Alla morte del duca Giorgio nel 1503, due sole figlie gli sopravvissero. Scoppiò allora a Landshut la sanguinosa guerra di successione per l'eredità, che segnò la fine dell'indipendenza e della grande epoca del ducato di Landshut.

Oggi

La «Landshuter Hochzeit» (= le nozze principesche di Landshut) richiama in vita i festeggiamenti tenuti in occasione delle famose nozze del 1475. I «Förderer», un'associazione fondata nel 1902, progettò questa festa: nel 1903 allestì per la prima volta il corteo nuziale per le strade di Landshut in occasione della prima esposizione dell'Industria e Commercio. Gli organizzatori di questa festa, Georg Tippel e Josef Linnbrunner, furono ispirati dalle grandi pitture della sala di cerimonie del Municipio risalenti a dopo il 1880. Seguirono poi altre feste. Nel 1905 Georg Schaumberg, uno scrittore di Monaco, scrisse il testo della rappresentazione storica, in seguito sostituita nel 1981 da un testo di Leopold Ahlsen più fedele alla realtà storica. Nel 1924 Hans Lehner di Landshut compose per la rappresentazione una musica che venne poi sostituita nel 1975, in occasione del 500° anniversario dell'evento, da musica e danze gotiche. Nel frattempo si è potuto realizzare anche un torneo in ricordo delle competizioni cavalleresche tenute durante i festeggiamenti. Questa festa storica ricevette nuovi impulsi nel 1975 in occasione del 500° anniversario soprattutto in quanto riguarda la fedeltà storica. La «Landshuter Hochzeit» è rimasta pur sempre una festa popolare che durante il suo svolgimento attira parecchie centinaia di migliaia di ospiti provenienti da molti paesi.

NACHWEISE

Buchgestaltung
Prof. Dr. Erich Stahleder, Dipl.-Ing. Rudolf Wohlgemuth

Mitarbeit bei der Bildauswahl
Peter Brix, Heidi Wilhelm

Übersetzungen
Erika Stadler (englisch)
Laurence Schweiger (französisch)
Dr. Giancarla Koller de Sanna (italienisch)

Bildnachweis
Achatz H., Landshut 13, 52, 58, 69, 73
Bücheler H., Landshut 25, 36, 87
Finkl E., München 49, 96
Foto Messerschmidt, Berlin 24, 29, 99, 121
Foto Pleyer, Landshut 18, 40, 50, 51, 105
Herrmann B., Landshut 21
Hilbich M., Berlin 144
Hunger A., Ergolding 76
Linke V., Landshut 72, 92
Moser W., München 6, 9, 10, 11, 20, 27, 28, 33, 39, 45, 46, 79, 80, 83, 84, 86, 89, 93,
   95, 100, 101, 111, 112, 113, 115, 116, 120, 131, 133, 134, 137, 138, 139, 141
Photo Porst, Landshut 127, 128, 129
Photoatelier Schlesier, Landshut 32, 55, 56, 60, 64, 67
Dr. Pöschl E., Landshut 78 b, 104, 108
Pritzl U., Landshut 42, 61
Privat 78 a, 117, 143
Schad K., Landshut 124
Team 70, München 107
Der größte Teil der Bildvorlagen befindet sich im Eigentum des Vereins „Die Förderer" e. V.

INHALT